SCHRIFTEN UND VORTRÄGE
DES PETRARCA-INSTITUTS KÖLN

———

Herausgegeben von
Andreas Kablitz und Bernhard König

Neue Folge
Heft 3

Hans Ulrich Gumbrecht

Leo Spitzers Stil

Aus dem Englischen von Sabine Greiner

Gunter Narr Verlag Tübingen

Die Deutsche Bibliothek – CIP-Einheitsaufnahme

Gumbrecht, Hans Ulrich:
Leo Spitzers Stil / Hans Ulrich Gumbrecht. – Tübingen : Narr 2001
(Petrarca-Institut <Köln> : Schriften und Vorträge
des Petrarca-Instituts Köln ; N.F., H.3)
ISBN 3-8233-5492-2

Publiziert mit Unterstützung des Ministeriums für Wissenschaft und Forschung
des Landes Nordrhein-Westfalen.

© 2001 · Gunter Narr Verlag Tübingen
Dischingerweg 5 · D-72070 Tübingen

Druck: Gulde-Druck GmbH, Tübingen
Verarbeitung: Nädele, Nehren
Printed in Germany

ISSN 0531-0210
ISBN 3-8233-5492-2

Inhalt

Besonnter Abschluß

Am 16. September 1960 starb, vierundsiebzig Jahre alt, Siegfried Leo Spitzer, Emeritus der Romanischen Philologie an der Johns Hopkins University, an Herzversagen (einige der Nachrufe sagen: an einem Schlaganfall[1]). Er starb in Forte dei Marmi, einer italienischen Kleinstadt nahe bei Florenz, wo er sich mehrere Male während seiner letzten Europareisen aufgehalten hatte. Wie sehr auch akademische Nachrufe prinzipiell vom Ton unmittelbarer Emotionen entfernt sein mögen, so kann man doch bei der Lektüre der Nachrufe für Leo Spitzer fühlen, daß viele Kollegen seinen Tod als das unerwartete und daher schockierende Ende einer Ära wahrnahmen. Denn trotz seines fortgeschrittenen Alters hatte Spitzers Produktivität nicht nachgelassen und sein internationaler Ruf wuchs bis ins Todesjahr beständig. Zwei Wochen vor seinem Tod hatte Spitzer die Abschlußrede auf dem Kongreß der *Fédération Internationale des Langues et Littératures* in Lüttich gehalten, wo er stehende Ovationen[2] erhielt – und wo mehrere Redner ihn als Lehrer ihrer jeweiligen Generation feierten.[3] Der einzige andere amerikanische Wissenschaftler, der in einer Plenarsitzung dieser Veranstaltung einen Vortrag hielt, ein viel jüngerer Professor aus Harvard, war von Spitzers lebhaftem Auftreten beeindruckt: »Only once, when he had to climb a steep hill on a visit to a local [colleague], did he show the hesitations of age.«[4]

Häufiger als je zuvor in seinem Leben wurde der jugendlich-alte Spitzer auf beiden Seiten des Atlantiks zu Gastdozenturen eingeladen. Die meisten dieser Einladungen nahm er geradezu begierig an (noch wenige Tage vor seinem Tod stimmte er zu, im darauffolgenden Jahr in Harvard zu lehren). 1955 hatte Spitzer den *Premio Internazionale Feltrinelli* der Accademia dei Lincei in Rom erhalten; eine Festschrift mit beeindruckender internationaler Beteiligung erschien im Francke Verlag Bern aus Anlaß seines siebzigsten Geburtstages[5] (während zehn Jahre zuvor Spitzers akademisches Geburtstagsgeschenk in einer bescheidenen Neuausgabe einiger seiner eigenen »Essays in Historical Semantics« bestand und die *Tabula Gratulatoria* hauptsächlich die ansässigen Kollegen und persönlichen Freunde umfaßte)[6]; während des Sommersemesters 1958 war er Gastprofessor an der Universität Heidelberg, deren *Akademie* er angehörte (ebenso wie der *Accademia della Crusca* in Florenz und der Rumänischen Akademie der Wissenschaften). Auch wenn Spitzer immer schon ein produktiver Autor gewesen war,[7] markieren doch die Jahre um 1960 den Zenit seiner Präsenz auf dem akademischen Buchmarkt. Aufsatzsammlungen erschienen in Italien (1954 und 1959), in Spanien (1955), in Deutschland (1959 und 1961) und in den Vereinigten Staaten (1962 und 1963).[8] Seit den fünfziger Jahren waren viele Artikel und sogar einige Bücher in Brasilien, Deutschland, Italien und den Vereinigten Staaten publiziert worden, die sich Spitzers Arbeit widmeten, und ihre Autoren waren ebenso wie die Wissenschaftler, die ihn zu Gastprofessuren und Vorträgen einluden, besessen von dem Wunsch, eine ›Methode‹ aus Spitzers Schriften zu gewinnen, die ihnen als Patentrezept für ihre eigenen Textanalysen dienen sollte.

Leo Spitzer war überaus bereit, solchen Erwartungen entgegenzukommen, umso mehr – so scheint es – als es ihm die Möglichkeit gab, öffentlich in persönlichen Erinnerungen, Anekdoten, und nicht zuletzt auch in akademischem Klatsch zu schwelgen[9] (den er immer in der Haltung eines charmanten, kosmopolitischen und prätentiös-unanmaßenden Patriarchen zum Besten gab). Angesichts von Spitzers Ruhm, der zum Zeitpunkt seines Todes vielleicht einzigartig in der Welt der Literaturwissenschaften war, und angesichts der intensiven Suche seiner Leser nach einer Spitzer'schen ›Methode‹, ist es überraschend, daß kein anderes Wort häufiger von seinen Kollegen und Studenten bemüht wurde, um die Größe des Meisters zu beschreiben, als das performanzorientierte Konzept des ›virtuoso‹.[10] Dies ist verblüffend, denn aus der Sicht eines durchschnittlichen akademischen Urteils ist es bestenfalls ein zweischneidiges Kompliment, jemanden ›virtuoso‹ zu nennen. *Virtuosi* verlassen sich auf Intuition und Improvisation (statt auf ›solide Wertarbeit‹); sie verschaffen Momente von intensiver Präsenz (eher als ›langlebige‹ Wahrheiten oder Normen); und sie sind innerhalb eines bereits existenten Rahmens brillant (anstatt ›genuin innovativ‹ zu sein). Wenn also Spitzers Charakterisierung als *virtuoso* eine eindeutige Uneindeutigkeit seiner Wertschätzung innerhalb des akademischen Publikums aufdeckt, dann ist es nicht weiter überraschend, daß wir kritische und manchmal sogar nachtragende Töne unter den hyperbolischen Jubelklängen in einigen seiner Nachrufe entdecken. Sogar Fritz Schalk, möglicherweise Spitzers engster Verbündeter im akademischen Nachkriegsdeutschland, widerstand nicht völlig der Versuchung, über den verstorbenen Kollegen so zu schreiben, als ob er ein vielversprechender aber nicht besonders disziplinierter Doktorand gewesen sei: »[...] es schlingen sich viele – manchmal zu viele – fremde, nicht ganz eigener Besitz gewordene Ideen in sein Werk und durch seine Sprache, besonders wenn die unausgesetzt zuquellenden Anregungen selbst in den vielen Anmerkungen nicht mehr verarbeitet werden können, geht mitunter ein heftiger Atem. Die Stimme des Autors scheint wie verklungen wo sie von allzu vielen anderen übertönt wird.«[11] Yakov Malkiel, ein romanistischer Sprachhistoriker, der ebenso wie Spitzer vor Hitlers Regime in die Vereinigten Staaten geflüchtet war, schrieb, offensichtlich verärgert durch eine – vergleichsweise respektvolle – Rezension, die Spitzer zehn Jahre zuvor über eines von Malkiels Bücher verfaßt hatte,[12] einen Nachruf, in dem er Spitzer mit aggressiver Herablassung als einen potentiell talentierten Journalisten charakterisierte, der seine wahre Berufung verfehlt habe:

> If, then, Spitzer's fiery temperament and sweeping diversity of interests, in retrospect, seem to have favored the choice of some such hectic, flamboyant activity as that of an art or drama critic in a tone-setting metropolitan daily, an activity affording unlimited possibilities for outbursts of enthusiasm and indignation, for incisive admonitions, sparkling side-remarks, stunning retractions, and witty repartees, it must be remembered that the philological and linguistic events of those years […] offered boundless possibilities of excitement for venturesome participants and of amusement for the lucky holders of choice ringside seats.[13]

Während Malkiel offenbar der Meinung war, solche provokativen Sätze seien höchst angebracht, bemühten sich einige von Spitzers Studenten, unter ihnen der Danteforscher John Freccero, Gründe für ihre Bewunderung zu finden, die in ihren Erinnerungen wach geblieben war: »Twenty-five years later, [Spitzer's] ideology seems as out-of-date as his polemics and his exuberance. His readings remain exemplary, however, not so much because they are definitive as because they suggest how much there is to know and what a difference it can make to the way we understand.«[14] Ungeachtet seiner brillanten und oftmals geradezu bewegenden Einsichten kann auch John Frecceros Spitzerporträt nicht erklären, warum es ›hilfreich‹ (um einen Standardbegriff des heutigen akademischen Diskurses in den

U.S.A. zu verwenden) sein sollte, Spitzer heute zu lesen – oder gar wieder zu lesen. Wer hätte denn ein dringendes Bedürfnis, zu lernen, daß »es viel zu wissen gibt« und daß dieses Wissen »unserem Verstehen hilfreich« wäre? Leider enthalten Spitzers eigene Werke, die Essays über seine ›Methode‹ mitgerechnet, keine greifbaren Vorschläge, um die Frage zu beantworten, worin die Bedeutung seines Werkes in unseren heutigen Debatten liegen könnte – oder, um es einfacher zu sagen, sie erklären nicht, warum Spitzer immer noch so viele Literaturkritiker und Literaturhistoriker, sogar in der jüngsten Generation von Gelehrten, fasziniert.

In einem der bemerkenswertesten Texte, die Spitzer je geschrieben hat (er wurde 1946 von der deutschen Zeitschrift »Die Wandlung«[15] veröffentlicht), verglich er die akademischen Kulturen und ihr nichtakademisches Umfeld in den verschiedenen europäischen Nationen und den Vereinigten Staaten, und er versuchte auf dieser Grundlage, die deutschen Traditionen, welche – zumindest teilweise – zum Aufkommen des Nationalsozialismus beigetragen hatten von jenen zu unterscheiden, die vielleicht eine Basis für die Zukunft der Geisteswissenschaften und besonders der Literaturwissenschaften hätten sein können. Aber während er die Verführung »vom Toxin der billigen Synthese, vom allzu schnellen Aufschwung in künstliche Paradiese des Gedankens, diese Haschischwirkungen einer losgelösten geisteswissenschaftlichen Spekulation«[16] als wichtige Bedingung für den Fall so vieler deutscher Intellektueller ziemlich überzeugend herausstellte und er sicherlich Recht hatte, die Bedeutung der deutsch-romantischen Faszination für andere Kulturen als intellektuelle Stärke zu unterstreichen, hatte Spitzer nur sehr wenige Ideen über die Möglichkeit einer zukünftigen akademischen Praxis. Man könnte meinen, Zukunftsvisionen seien nicht gerade seine Stärke gewesen – und dies trägt sicherlich zu der Schwierigkeit bei, eine Brücke zwischen seiner intellektuellen Situation und unserer zu schlagen.

Das Experiment, mit dem ich versuchen möchte, das Rätsel von Spitzers fortgesetzter Präsenz in unseren literaturwissenschaftlichen Diskussionen zu lösen, wird sich auf jenen Begriff konzentrieren, der im Laufe der Jahre aufs engste mit seinem Namen verknüpft wurde – auf den Begriff des ›Stils‹.[17] Aber ich werde nicht nur – ja nicht einmal hauptsächlich – jenes Konzept des ›Stils‹ behandeln, das Spitzer in seinen Interpretationen entwickelt hat. Vielmehr werde ich nach einer kurzen – mehr oder weniger philosophischen – Diskussion des Begriffs ›Stil‹ den Stil von Spitzers Verhalten beschreiben, und ich werde dieses Porträt auf der Basis des Bildes entwerfen, das sich seine Kollegen und Zeitgenossen von ihm gemacht haben. In dem folgenden Abschnitt werde ich dann versuchen zu zeigen, wie der Stil von Spitzers Verhalten sich im Laufe der Jahre entwickelt hat, und ich werde zu zeigen versuchen, daß man eine bemerkenswerte Parallele zwischen diesen Veränderungen und jenen Transformationen entdecken kann, die Spitzers Stilkonzept durchlief. Ich glaube, daß gegen Ende von Spitzers Leben die Beziehung zwischen dem Stil seines Verhaltens und seinem wissenschaftlichen Stilkonzept derart eng geworden war, daß diese Nähe die Konturen des professionellen Stilkonzepts verwischt. So seltsam das vorerst erscheinen mag, ich glaube, daß Spitzers Verhalten am Ende fast identisch mit dem wurde, was er als ›Stil‹ in den Texten, die er analysierte, entdeckte. Hier, im fruchtbaren Zusammenspiel von Spitzers ›Verhaltensstil‹ und seiner stilorientierten Analyse, sehe ich eine mögliche Antwort auf die Frage nach der andauernden Faszination seines Werkes – und vielleicht sogar eine Antwort auf die Frage, ob es einen Platz für Spitzers Werk in unseren zeitgenössischen Debatten gibt.

12

Stil, Ereignis, Erleben

Stil, so schlägt Niklas Luhmann vor,[18] macht Kontinuität in jenen Gesellschaften möglich, für die fortdauernde Veränderung zugleich eine Verpflichtung und eine institutionalisierte Erwartung ist. Stil ist das, könnte man vielleicht hinzufügen (wohl wissend, daß dies Luhmanns philosophischen Prämissen nicht entsprechen würde[19]), was persönliche Identität unter den Bedingungen von fortlaufenden Rollen- und System-Differenzierungen möglich macht. Mit anderen Worten: Stil ist der Zeitlichkeit abgerungene Kontinuität – und der Differenzierung abgerungene Identität. Auf einem vergleichsweise (und für Literaturkritiker vielleicht sogar unüblich) abstraktem Niveau weist diese Definition von ›Stil‹ überraschenderweise eine Affinität zum Konzept des ›Ereignisses‹ auf. Denn wenn Stil allen generellen Annahmen von Zeitlichkeit als Veränderung entgeht, so unterläuft das Ereignis, d.h. das, was unvorhersehbar ist, ebenso alle generalisierten Annahmen über Rhythmus, Richtung und Inhalt von Veränderung. Man mag vielleicht, unter Verwendung eines Motivs aus Walter Benjamins »Über den Begriff der Geschichte«, hinzufügen, daß ein Ereignis nicht nur das Vorhersehbare unterläuft, sondern etwas ist, das nicht in größere Veränderungsmuster integriert werden kann.[20] Ereignishaftigkeit setzt den Zeitfluß als das voraus, von dem sich das Ereignis unterscheidet. Der Kontrast zwischen Zeitfluß und Ereignis konstituiert die Identität des Ereignisses – und das Ereignis ist deshalb nicht ein Teil dieses Flusses. Letztendlich mag jener wesentliche Aspekt des Begriffs von ›Ereignis‹, den ich hier zu unterstreichen versuche, vielleicht nicht einmal mit dem Begriff des Nicht-Vorhersehbaren zusammenfallen. Denn selbst das Vorhersehbare – das Läuten eines Weckers, das Umschalten einer Ampel von Rot auf Gelb und Grün – enthält ein Moment von Diskontinuität im Wirklichwerden des Erwarteten. Auf diesen Aspekt des gegenwärtig werdenden Wirklichen, diesen ›diskontinuierlichen Übergang‹, beziehe ich mich, wenn ich das Wort ›Ereignis‹ verwende.

Die begriffliche Konvergenz von ›Stil‹ und ›Ereignis‹ suggeriert, daß die Begegnung mit vergangenen Stilphänomenen jenes besondere Zusammentreffen mit der Gegenwart der Vergangenheit initiieren könnte (oder zumindest die Illusion eines solchen unmittelbaren Zusammentreffens), auf welches Benjamin im gleichen Text mit seiner berühmten Metapher des »Tigersprungs ins Vergangene«[21] anspielt – denn sowohl Ereignis als auch Stil sind von jener Zeitlichkeit freigestellt, welche die Gegenwärtigkeit der Vergangenheit von der Gegenwärtigkeit der Gegenwart trennt. Solch ein »unmittelbares Zusammentreffen mit der Vergangenheit« wäre eine Situation, in der die Vergangenheit ohne Interpretationen und Begriffe der Vermittlung zur Gegenwart würde – denn Begriffe können nicht helfen, Distanzen zu eliminieren. Idealerweise würde diese spezifische Präsenz der Vergangenheit zu einer räumlichen Präsenz werden, zu einer Präsenz also, in der die Vergangenheit berührbar würde – und dies genau zeigt, welche konkrete Funktion die Stil-Analyse erfüllen kann: sie kann den Schein von Berührbarkeit erzeugen.

Wenn wir also annehmen, daß Ereignishaftigkeit und Stil Dimensionen sind, welche, da sie von Regelmäßigkeit des historischen Wandels ausgenommen sind, die Möglichkeit eines direkten Zugangs zur Gegenwart der Vergangenheit in Aussicht stellen – welche Art der Rezeption würde einer solchen

Unmittelbarkeit entsprechen? Was als Antwort naheliegt, ist, kaum überraschend, der phänomenologische Begriff des Erlebens. In einer typologischen Sequenz, die auf semantischen Implikationen basiert (und nicht in einer temporalen Sequenz), folgt ›Erleben‹ auf das physische ›Wahrnehmen‹, denn Erleben enthält eine Fokussierung, d.h. eine vom Verstand vorgenommene Auswahl unter der Pluralität von Wahrnehmungen, die der menschliche Körper in jedem Augenblick seiner Existenz registriert. Auf der anderen Seite geht ›Erleben‹ innerhalb der typologischen Sequenz der ›Erfahrung‹ voraus, da Erleben im Unterschied zur Erfahrung keine Interpretation der Wahrnehmungen, die fokussiert wurden, beinhaltet. Wir können dann weiterhin argumentieren, daß zwischen der Modalität von Erleben und der Dimension von ›Form‹ eine Affinität existieren muß, da Form (in zumindest einer der Definitionen dieses Begriffes) das ist, was es ermöglicht, ein Phänomen von anderen Phänomenen zu unterscheiden – und so zu erleben. Form ist folglich konvergent mit ›Thematisierung‹, mit der Unterscheidung eines Phänomens von anderen Phänomenen – ohne zu implizieren, daß diese thematisierten Phänomene bereits interpretiert wurden. Wenn wir dann weiterhin annehmen, daß der Begriff von Stil aus einem Formkonzept hervorgeht (daß er tatsächlich ein Formkonzept ist, das durch die spezifische Beziehung zu Temporalität, die wir oben beschrieben haben, komplexifiziert wurde), dann erreichen wir ein dreistufiges Modell, das einen unmittelbar erscheinenden Zugang zur Vergangenheit beschreibt. In diesem Modell entspricht der Begriff des ›Ereignisses‹ auf der Objektseite[22] dem Konzept des ›Erlebens‹ auf der Seite der Rezeption, und ›Stil‹ (oder ›Form‹) ist das, was sowohl in bezug auf das ›Ereignis‹ als auch auf das ›Erlebnis‹, einen unmittelbaren Zugang zur Vergangenheit (oder zumindest die Illusion davon) ermöglicht. Dieses relativ kompliziertе Modell ist gewiß keine notwendige Voraussetzung für die Beschreibung von Leo Spitzers Stil, die wir im folgenden Abschnitt vornehmen werden. Die Relevanz des Modells innerhalb meiner Erzählung von Spitzers Leben (und für die Diskussion über die Bedeutung seiner Arbeit in unserer eigenen intellektuellen Situation) wird aber, so hoffe ich, nach und nach verständlich werden – und dafür wird es hilfreich sein, die vorgeschlagenen Definitionen von ›Stil/Form‹, ›Ereignis‹ und ›Erleben‹ im weiteren Verlauf präsent zu haben.

Das Porträt

Am 26. September 1929 versetzte der Preußische Minister für Wissenschaft, Kunst und Volkserziehung den Bibliotheksrat Erich Auerbach von seiner Stelle an der Preußischen Staatsbibliothek Berlin, wo er seit 1923 gearbeitet hatte, an die Universitätsbibliothek Marburg. Während des vorangehenden Sommersemesters hatte Auerbach am 13. Juli 1929 problemlos die akademische Hürde der Habilitation genommen, mit seinem – heute berühmten – Buch »Dante als Dichter der irdischen Welt« als Habilitations-Leistung; und während des darauffolgenden Wintersemesters begann er, seine ersten Erfahrungen als Dozent der Romanischen Literaturwissenschaft in Marburg zu sammeln. Es ist nicht ganz klar, unter welchen Umständen und mit welchen Absichten Auerbachs Versetzung nach Marburg vonstatten ging – aber als er schließlich in Marburg war, wurde Leo Spitzer institutionell verantwortlich für seinen beruflichen Werdegang.[23] Durch Spitzers Korrespondenz mit Karl Voßler,[24] der damals unbestrittenen institutionellen und intellektuellen Autorität im Bereich der Romanischen

Literaturwissenschaften in Deutschland,[25] gewann ich den Eindruck, daß Auerbach sich zunächst an Voßler gewandt hatte, um ihn bezüglich seines beruflichen Weiterkommens um Rat zu fragen und daß Voßler ihn darauf an Spitzer verwies. All dies mag unter der stillschweigenden Voraussetzung Voßlers geschehen sein, daß Spitzer ihm noch einen Gefallen schulde – denn die Berufung Spitzers auf ein Ordinariat in Marburg 1925 (dreizehn Jahre nach seiner Habilitation) wäre wohl ohne Voßlers Unterstützung nie erfolgt. Während so die Details über die Ursprünge der Bekanntschaft zwischen Leo Spitzer und Erich Auerbach für immer verloren sein mögen, wissen wir mit Sicherheit, daß ihre Beziehung zueinander nie einfach war. Dies sollte ausreichen, um den akademischen Mythos einer tiefen kollegialen Freundschaft zwischen diesen beiden jüdischen Intellektuellen der gleichen Generation (Auerbach war nur fünf Jahre jünger als Spitzer) zu problematisieren. Er ist gewiß entstanden, weil Auerbach zweimal Nachfolger Spitzers wurde: 1930, als Spitzer von Marburg nach Köln wechselte, und 1936, als Spitzer Istanbul verließ, um einem Ruf an die Johns Hopkins University zu folgen.

Am 3. März 1930, nur wenige Tage nach dem Ende seines ersten Lehrsemesters in Marburg, faßte Auerbach seine Gedanken über die akademische Welt in einem langen Brief an seinen Freund Ludwig Binswanger zusammen.[26] Dieser Brief enthält ein wenig schmeichelhaftes Porträt Spitzers, das dennoch bewundernswert ist durch seinen Stil (vielleicht ist es beeinflußt durch die große französische Tradition der *moralistes*) – und noch mehr dadurch, daß es in der Tat, wie später noch zu zeigen sein wird, einige Obsessionen Spitzers sehr genau wiedergibt:

> Spitzer ist der Sohn eines Wiener Judens und einer Sängerin. Er ist voll von Aktivität und Taktlosigkeit, hat lebendi-

ge Gedanken und keinen Schatten von Bildung und Kritik, ist sehr herzlich, sehr boshaft, sehr eingebildet, sehr unsicher, sehr sentimental, ungeheuer offenherzig und ein geborener Komödiant. Er kann keinen Augenblick stillsitzen, muß immerzu arbeiten, tanzen, lieben, sich bewegen, und andere in Bewegung setzen. Ich habe ihn, alles in allem, sehr gern und kann viel von ihm lernen. Aber er hat keine Ahnung von mir, greift mit Bewunderung und Kritik immer daneben und unsere Freundschaft ist ein Gewebe von Mißverständnissen. Dabei glaubt er, mich erziehen zu können und zu müssen. Sie müßten ihn sehen. Ein Schauspielergesicht, Kopf vor, mit langer Barocknase und schon etwas grauen Locken, auf der Straße einen viel zu kurzen Mantel. Und dieser Mann liebt die Studenten, wirbt um ihre Neigung und schwört auf ihre Meinung.

Wie intensiv diese Passage auch den Gegensatz zwischen einem jüdischen Intellektuellen aus Berlin mit sehr distinguiertem familiärem Hintergrund und einem jüdischen Intellektuellen aus Wien reflektiert, der, wenn er auch wohl etwas Geld von seinem Vater geerbt hatte, dieses schon längst bis auf den letzten Heller ausgegeben hatte – wie offensichtlich es also auch sein mag, daß Auerbach Spitzer aus einem voreingenommenen Blickpunkt beschrieb, so werden doch eine Reihe von Beobachtungen in diesem Porträt von verschiedenen Dokumenten über Spitzers Leben voll bestätigt. Etwa gab es wohl zu jener Zeit nur wenige Akademiker, die Spitzer an Taktlosigkeit ebenbürtig waren. Dies wurde vor allem während der dreizehn bitteren Jahre zwischen seiner Habilitation an der Universität Wien 1912 und seinem ersten Ruf auf ein Ordinariat in Marburg 1925 offensichtlich. In zahlreichen Briefen an Karl Voßler versuchte Spitzer, Voßlers persönlichen Schüler Eugen Lerch zu verunglimpfen, mit dem er mehrere Male um Professorenstellen konkurrierte. Er kritisierte Lerch wegen eines angeblichen Mangels an intellektueller Originalität (das Hauptargument war, daß Lerch nicht würdig sei, Voßlers idealistische Sprachphilosophie zu lehren), wegen angeblich unkollegialen Verhaltens und sogar für das, was Spitzer als »typisch jüdische Laster« bezeichnete. Die Situation wurde noch komplizierter, als Spitzer sich 1922 Hoffnungen auf die Nachfolge von Ernst Robert Curtius in Marburg zu machen begann (welche er drei Jahre später tatsächlich antrat, als Curtius endlich ein Angebot der Universität Heidelberg annahm). Curtius, dessen Verhältnis zum allmächtigen Voßler eher unterkühlt war, spielte eine wichtige Rolle bei der Auswahl seines Nachfolgers. Da Spitzer offensichtlich fürchtete, Voßler könnte Lerch – oder einen anderen Kandidaten – anstatt seiner selbst vorschlagen, zögerte er nicht, Curtius eine Beschreibung seiner Beziehung zu Voßler zu geben, die das schiere Gegenteil zu der in den Briefen offensichtlichen Wahrheit war:

> Ein Gutachten bei Voßler einzuholen, hat nur dann den gewollten Erfolg, wenn er direkt über mich Auskunft geben soll, nicht etwa dann, wenn er gefragt wird: wen empfehlen Sie? […] Was Voßler übrigens wirklich denkt, ist unklar: schmeichelhafte Briefe, Freundschaftsbeteuerungen habe ich von ihm genug.[27]

Leo Spitzers aggressive Rhetorik und sein Groll gerieten regelmäßig außer Kontrolle, wenn er entweder über Kollegen sprach, die sich in einer untergeordneten akademischen Position befanden oder wenn es um Personen ging, die einen wirtschaftlich und gesellschaftlich höheren Status als er selbst innehatten. Beide Voraussetzungen waren im Fall von Erich Auerbach gegeben:

> Auerbach ist wahr und echt, wenn auch überzogen mit einem Firnis von Selbstzufriedenheit, Snobismus und Trockenheit und vor allem gehemmt von einer nicht in unsere Kreise passenden Frau. Ich gebe mich der Hoffnung

hin, daß ich ihn von seinem Geld- und Luxuskomplex erlösen und ihn von den Hemmungen Berlin-Juda's freimachen kann. (Brief an Voßler, 23. Dezember 1929)

Ebenso gibt es in Spitzers Briefen an Voßler um 1930 eine Tendenz zu betonen, wie wenig Auerbachs Auftreten an der Universität sein und Voßlers wohlmeinendes Urteil bestätige. Da Spitzer stolz auf seinen eigenen Erfolg bei den Studenten war, zeigte er sich vor allem gegenüber Auerbachs offenbar in der Tat wenig inspiriertem Lehrstil sehr kritisch:

> Klage über Langeweile, *selbst im Dante*; leises Dahinfegen ohne zu packen; Erudition ohne Verknüpfung mit dem vorliegenden Text, der als etwas Schönes doch dargestellt werden sollte; Fremde, Kälte. Das sind natürlich Kinderkrankheiten des 1. Semesters, aber nicht ausschließlich: eine gewisse Müdigkeit, Snobismus, die Unfähigkeit sich ganz für etwas einzusetzen, dabei eine innere Selbstgefälligkeit, die die Schuld nie an sich sondern an den Studenten zu suchen geneigt ist. Frank hebt die Schlaffheit des Gesichts A.'s als charakteristisch hervor und glaubt überhaupt, daß ich ihn wissenschaftlich überschätzt hätte. (22. Februar 1930)

Ähnlich wie Auerbachs Porträt von Spitzer enthält auch Spitzers Auerbach-Porträt einige scharfe Beobachtungen – aber Spitzers Meinungen über seine Kollegen waren meist, wie Voßler zuweilen sanft anmerkte, weit übertrieben (zumeist übertrieben kritisch – aber zuweilen auch übertrieben enthusiastisch). Ein peinliches Beispiel ist die Assoziation von Auerbachs ›schlaffer‹ Physiognomie mit seinem Lehrstil. Auerbach seinerseits hatte sicherlich größere Kontrolle über seine Worte als Spitzer – was ihn andererseits aber auch boshafter machte. Denn als Auerbach über Spitzers Zwang, »immerzu [zu] arbeiten, tanzen, lieben, sich [zu] bewegen und andere in Bewegung [zu] setzen« schrieb, da dachte er offensichtlich an einen sehr konkreten

Bezug. Es gehörte jedenfalls zu Spitzers Leidenschaften, in seiner Funktion als Direktor des Romanischen Seminars in Marburg Tanzabende für die Studenten und Dozenten auszurichten, bei denen er sich stolz und stets als der unermüdlichste aller Teilnehmer hervortat:

> Wir hatten 100 Personen in ein schönes Verbindungshaus geladen, herrliches Tanzparkett, ein freiwilliges Studentenorchester, das nun aber einen zündenden Rhythmus hatte. Papi [d.h. Spitzer selbst][28] hielt eine 20minütige Ansprache – und tanzte mit all den jungen Wesen, darunter so lieben! Heute noch selige Erinnerungsstimmung, zarte Worte gesprochen und gehört, amouröse Athmosphäre [sic]. Nun kommt Weihnachten en famille mit all den intimen Reizen der Bescherung. (Brief an Voßler, 28. Dezember 1928)

Der Übergang von der »amourösen Atmosphäre« des Tanzabends mit den Studenten zu der »Intimität« des Weihnachtsfestes im Familienkreis ist etwas unheimlich – man muß wohl aber annehmen, daß Spitzer solche Dissonanzen gar nicht bemerkte. Denn ohne sich um Konsistenz und Identität zu bemühen, versuchte er immer, jede einzelne Rolle, die er spielen durfte, gut – übertrieben gut – zu spielen. Es gab keine Situation, in der Leo Spitzer nicht versuchte, ein ›Überflieger‹ zu sein.

Nirgendwo ist dies deutlicher sichtbar als an der Art und Weise, in der Spitzer die Institute führte, deren Direktor er in Marburg und dann in Köln war. Man kann sich nicht vorstellen, daß irgendjemand mehr Vorschläge und Anfragen an die Universitätsverwaltungen gerichtet hätte als Leo Spitzer. Am 11. Januar 1928 informierte er zum Beispiel den Universitätskurator in Marburg darüber, daß er einen großen Tisch für die Institutsbibliothek brauche, um die neuesten akademischen Fachzeitschriften auszulegen.[29] Am 8. Februar des gleichen Jahres bestätigte er über das Büro des Kurators dem Deutschen

Akademischen Austauschdienst in harschem Ton, daß ein ehemaliger Sprachlehrer an seinem Institut, mit dem Spitzer nicht einmal drei Monate zusammengearbeitet hatte, moralisch nicht qualifiziert sei, die deutsche Sprache im Ausland zu unterrichten. Bereits am 14. Februar mußte er eine Erweiterung des Jahresbudgets für das Institut um 500 Mark beantragen. Nachdem er ziemlich respektable Honorare für zwei Gastreferenten aus Frankreich und Rumänien erhalten und ausgezahlt hatte, ersuchte Spitzer am 3. Mai um weitere 500 Mark, diesmal für den Erwerb zeitgenössischer italienischer Literatur. Noch bevor er einen positiven Bescheid auf diese Anfrage (8. Mai) erhielt, bat er am 6. Mai um eine neue Tafel und neue elektrische Lampen für die Bibliothek. Am 10. Mai schlug er die Einstellung eines zusätzlichen Assistenten für sein Institut vor und argumentierte, daß die Aufteilung der anfallenden Verwaltungsarbeit unter seine Studenten nicht mehr verantwortbar wäre. Die nächste Welle solcher Vorschläge folgte im Herbst des gleichen Jahres. Am 10. Oktober 1928 bat Spitzer um den Erwerb von neuen Regalen sowie eines Holzbehälters für die Buchrückgabe der Bibliothek. Wenige Tage später, rechtzeitig zum Beginn des Wintersemesters, schlug er – aus kaum noch nachvollziehbaren Gründen (aber mit der Betonung, er wolle die Vorlesungszeit »unter den bestmöglichen Umständen« beginnen) – vor, jeden der Heizkörper in der Bibliothek um einen Meter zu verschieben. Am 23. Oktober erklärte er, der Seminarraum benötige eine neue Beleuchtung – ebenso sein eigenes Büro. Sieben Tage später verlangte er eine Gehaltserhöhung (um hundert Prozent) für das Hilfspersonal der Bibliothek. Und Spitzer beschloß das Jahr, indem er zwei Tage vor Heiligabend 1928 vorschlug, neue Möbel für die Dozentenbüros und – noch einmal – neue Lampen für die Bibliothek zu kaufen.

Weder in seinem beruflichen noch in seinem privaten Leben konnte sich Spitzer je an Haushaltspläne halten. Durch seine Korrespondenz mit Karl Voßler ziehen sich Berichte über private finanzielle Krisen: immerhin gab er zu, nicht erklären zu können, warum dieses Problem ihn auch nach der bemerkenswerten Gehaltserhöhung für seinen Ruf nach Köln 1930 verfolgte (Brief vom Februar 1931), und er war andererseits nicht verlegen, von Zeit zu Zeit erkleckliche Summen von Voßler zu leihen. Auerbach hatte die richtige Diagnose für Spitzers Hyperaktivität gestellt – und vielleicht auch für seine finanziellen Probleme. Er unternahm in der Tat »alles, um die Sympathie der Studenten zu gewinnen«. Er brauchte ihre Bewunderung. »Das ist ja überhaupt eine der Seligkeiten meines Lehrerdaseins«, schrieb er Voßler am 22. Februar 1930, »begleitet zu sein von dem Anhauch der frischen, gläubigen, ernsten, sittlichen, holden Jugend. Ich genieße wirklich unverdientermaßen so viel Liebe von seiten der jungen Menschen, daß ich mich reichlich belohnt fühlen muß für manche liebesleere Strecke meines früheren Lebens«. Seine letzten Jahre in Marburg und die beiden ersten Jahre in Köln wurden später für Spitzer zu jenem Augenblick seines Lebens, auf den er mit Stolz und Nostalgie zurückblickte. Zu keiner anderen Zeit in den drei Jahrzehnten ihrer Korrespondenz schrieb er Voßler häufiger, und jeder dieser Briefe berichtete ausführlich von einem vollkommenen und, wie Spitzer sagte, »unbestimmten« Glücksgefühls: »Ich bin eigentlich nach langen Jahren wieder glücklich, ich weiß nicht warum: ist es der Erfolg, ist es die Überzeugung, daß doch ein paar Menschen an einem hängen? Jedenfalls bin ich ruhiger, weniger hastig und unbestimmt [dieses Wort ist nachträglich eingefügt] sehnsuchtsvoll geworden.« Man braucht keine tiefenpsychologischen Überlegungen zu bemühen, um, wie Erich Auerbach es tat, zu dem Schluß zu kommen, daß jemand, der so »sehr herzlich, sehr boshaft und sehr eingebildet« wie Spitzer war, auch »sehr unsicher« sein mußte. Und es ist weiterhin eine plausible Annahme, daß Spitzers Unsicherheit mit der Unfähigkeit zu tun hatte, die zwölf Jahre ohne Professur zu vergessen, die auf seine Habilitation gefolgt waren. Sie müssen für ihn eine fortwährende Demütigung gewesen sein, wie er Voßler am 17. November 1924 schrieb, wenige Monate, bevor er endlich den Ruf aus Marburg bekam:

> Was mich bei meinen Mißerfolgen am meisten kränkt, ist nicht einmal die Aussicht auf ein dauerndes Proletarierleben, mit Sorgen in den schönsten Jahren, sondern vielleicht noch mehr die Entehrung. Worringer [ein Bonner Kollege] sagte zu mir: »Würde, Spitzer. Anmut haben Sie schon. Sie sind doch wer. Schauen Sie sich die Durchschnittsordinarien an.« Aber Du weißt ja, daß meine »Arroganz« ein brüchiger Panzer ist, der ein sehr großes Selbstmißtrauen bedeckt. [...] Weh hat mir getan, daß Empi so trostlos und verzweifelt weint. Ich tue es nicht. [...] Also Schwamm drüber.

Das Ende dieser Passage zeigt wieder einen dieser unheimlichen Umschwünge, einen dieser unvorhersehbaren Stimmungswechsel – hier war es der Umschlag von schierer Verzweiflung zu einer »mannhaften Gelassenheit« (wie Erich Auerbach[30] vielleicht gesagt hätte) – einen Umschlag jedenfalls, der so abrupt kam, daß er Zweifel an der Aufrichtigkeit seiner Gefühle aufwerfen mußte. Voßler und Auerbach schienen sich aber weniger an den dramatischen Umschwüngen in Spitzers Briefrhetorik zu stoßen als an den beständigen Anzeichen dessen, was sie als seinen schlechten Geschmack ansahen: Spitzer liebte Postkarten, und unter den vielen Postkarten, die er seinem Freund Voßler aus Spanien, Italien und Frankreich schickte, fehlten nur wenige der typischsten Grußmotive: Photos von ausladenden andalusischen Schönheiten mit einem Lächeln, das zu breit war, um verführerisch zu wirken, fanden ihren Weg zu Voßlers eleganter Münchner Innenstadt-Wohnung; Reproduktionen von Ölgemälden mit venezianischen *gondolieri* und ihren von verliebten Touristen gemieteten *gondole*; und vor allem Nachtaufnahmen von berühmten Kirchen in künstlicher Beleuchtung wie zum Beispiel Notre Dame oder dem Kölner Dom. Als Voßler sich auf eine Vortragsreise nach Paris vorbereitete, bestand Spitzer darauf, daß er und seine (jüngst geehelichte) zweite Frau sich die »*mannequin-revues* um fünf Uhr« anschauen sollten (23. Oktober 1928). Spitzers Selbstdarstellungen waren übrigens genauso peinlich wie sein Geschmack. Gibt es eine trivialere Selbstbeschreibung eines jungen Gelehrten als diesen Satz aus seinem Brief an Voßler vom 20. April 1923: »Für mich heißt es: zuerst Mensch, dann erst Gelehrter sein«?

Alles in allem brachten Spitzers Begeisterung für Gemeinplätze, seine so sehr vorhersehbaren Postkarten, sein unbezwingbares Verlangen zu gefallen, seine Ruhelosigkeit und sein Übereifer einen sehr lebendigen Schreib-Stil und eine Rhetorik hyperbolischer Fußnoten und Fußnoten zu Fußnoten hervor, einen Stil von manchmal schiefen Metaphern, von übertrieben leidenschaftlichen Reaktionen und manchmal sogar von erfundenen Zitaten. Spitzers Diskurs kam – und oft genug muß man wohl noch sagen: kommt – geschwätzig daher, weil es einfach kein Thema gab, das nicht eine Intervention von ihm ausgelöst hätte. Es war sein Stil – und sein erstaunliches Talent – solche überaus starken Reaktionen auf alles und jeden hervorzubringen, als ob er jeden und alles als ein genuin dreidimensionales Ereignis erlebt hätte. Die nicht so glorreiche andere Seite der Medaille lag in der Tatsache, daß Spitzer es anscheinend schwierig fand, sich zu entscheiden, sich zu entwickeln und sich auf eigene Themen zu konzentrieren. Er mag mehr erfolgreiche Essays veröffentlicht haben als irgendein anderer Autor in der Geschichte der Literaturwissenschaft, aber auf der anderen Seite kann man doch fragen, ob er je ein richtiges Buch geschrieben hat – mit einer These, welche auf eigenständiger Forschung basiert und über mehrere Kapitel hinweg entfaltet wird.[31]

Die Rollen

Was den persönlichen Stil angeht, so ist Spitzers Leben ein Spiegel seiner Arbeit. Durch seinen Eifer, jede Rolle, die ihm die Zufälle des Lebens anboten, perfekt zu spielen, schaffte er es, zugleich wie der gewissenhafteste Schüler eines großen akademischen Lehrers und wie der unabhängigste aller jungen Wissenschaftler zu wirken, wie ein zärtlich liebender Gatte und wie ein notorischer Schürzenjäger; er verkörperte mit gleicher Vollkommenheit den weltabgewandten Gelehrten und den akademischen Machtmenschen, den politisch Handelnden und das Opfer der Politik; und gegen Ende seiner Karriere erfüllte er die höchsten institutionellen Erwartungen als gutwillig-autoritäre Vaterfigur für eine gesamte akademische Disziplin. Da diese Vielseitigkeit Spitzer keinerlei Probleme bereitete, ist es wohl müßig, bei so vielen verschiedenen und gebrauchs-fertigen Verkörperungen nach einer kohärenten Identität zu suchen. Es ist nicht etwa das Erfinden und systematische Entwickeln einer abgerundeten Identität, die an Spitzer Gefallen fand, sondern vielmehr das Dasein als *virtuoso*, als Spieler und als *ex tempore*-Schöpfer unendlicher Variationen von bereits existierenden Repertoirerollen. Jede dieser Rollen gab ihm Präsenz, und jede seiner Darstellungen war ein Ereignis.

Wir wissen nur wenig über die Kindheit und Jugend von Siegfried Leo Spitzer. Das wenige aber, das wir wissen, läßt vermuten, daß der junge Spitzer, während er die Normal-Erwartungen immer erfüllte, noch keine Anzeichen späterer Größe erkennen ließ. In Wien am 7. Februar 1887 geboren, bestand der Neunzehnjährige am 5. Juli 1906 die Matura am Franz Josef Gymnasium seiner Heimatstadt.[32] Kaum vier Jahre später, am 12. April 1910, erhielt er den Doktorgrad für seine Dissertation über »Die Wortbildung als stilistisches Mittel exemplifiziert an Rabelais«.[33] Die ›venia legendi‹ für Romanische Philologie ist auf den 4. März 1913 datiert. Dem damals typischen Weg für Studenten der modernen Sprachen folgend, verbrachte Spitzer die meiste Zeit zwischen der Verleihung seines Doktorgrades und der Habilitation im Ausland. Von 1910 bis 1912 belegte er Kurse über die Geschichte der französischen Sprache an der Sorbonne und über Indoeuropäische Linguistik an der Universität Leipzig, und danach verbrachte er ein ganzes Jahr in Italien, »um mit dem Land und der Sprache vertraut zu werden«. Obwohl er alle akademischen Examen und Qualifikationen recht reibungslos bestand, gab es doch nie einhellige Begeisterung bei der altehrwürdigen Wiener Fakultät über die akademischen Leistungen des jungen Spitzer: seine Habilitation wurde mit neunundzwanzig zu zwölf Stimmen, bei zwei Enthaltungen, angenommen. Mit vierzehn (teilweise sehr kurzen) Veröffentlichungen war Spitzers Publikationsliste für damalige Verhältnisse nicht besonders lang – und davon abgesehen, muß es für Kollegen anderer Disziplinen schwierig gewesen sein, die Bedeutung einer Habilitationsschrift über die französischen Dialektausdrücke für ›Nüsse abschlagen‹ hinreichend zu würdigen.[34]

Dieses Thema war typisch für die positivistisch-junggrammatische Forschung, welche Spitzers Doktorvater, Wilhelm

Meyer-Lübke, berühmt gemacht hatte, und die fas paradoxerweise die Philosophische Fakultät in Wien beherrschte – umgeben von der intellektuell aufregendsten außeruniversitären Kultur der damaligen Zeit. Auf seine eigene Weise verkörperte der junge Leo Spitzer diese Spannung zwischen Positivismus und überschäumender Imagination, die er fast ein halbes Jahrhundert später sehr elegant beschrieb:

> Ich sehe heute diese glorreiche positivistische Wiener Schule als ein Ergebnis der eigentümlich gestalteten Geistesentwicklung eines im Geistigen zagen, weil klerikal gelenkten Österreich, das den Erkenntnistrieb auf die Naturwissenschaften oder doch Forschung im Sinne der Naturwissenschaften (auch in der Philosophie) abgelenkt hatte, während die Erforschung des Menschen – in einem allem Menschlichen so offenen Lande – abgebremst werden mußte: [...] Geisteswissenschaft ist tatsächlich ein norddeutsches Produkt, der Verbindung von Protestantismus und Humanismus entsprossen.[35]

Wenn Meyer-Lübke in seinem Werk dogmatisch das junggrammatischen Erkenntnisinteresse verfolgte, Veränderungen in der Sprache unter einem ausschließlich innerlinguistischen Gesichtspunkt zu sehen, und wenn als Konsequenz dieser Perspektive literarische Texte von ihm nur als Dokumente für die Geschichte ihrer Sprache betrachtet werden konnten, so sah er doch keine Schwierigkeit darin, sich vorzustellen, daß sein Student Spitzer erfolgreich eine Doppelrolle als Sprachhistoriker und Literaturhistoriker spielen würde: »Dr. Spitzer ist ein kenntnisreicher und selbständig denkender, rühriger Gelehrter, der auch in hohem Grade Interpretationsgeschick und Darstellungstalent besitzt, so daß er voraussichtlich wissenschaftlich Bedeutendes leisten wird [...].«[36] Der junge Kollege war gewiß kein Rebell, und er muß sich mit seinem Charme das Privileg verschafft haben, innerhalb der Schule Meyer-Lübkes eine exzentrische Stellung einzunehmen. Einerseits gehörte er dieser Schule an, da die meisten seiner Themen, zumindest bis zum Ende des Ersten Weltkrieges, einen sehr engen und hoch spezifizierten Fokus besaßen, was charakteristisch für das junggrammatische Paradigma war: Spitzer schrieb über die Geschichte der Syntax in den verschiedenen romanischen Sprachen, über die Entwicklung ihrer Morphologie, und er war vor allem ein eifriger Etymologe.[37] Andererseits war Spitzers Position tatsächlich exzentrisch, denn er war von Anfang an von den Beziehungen zwischen linguistischen Formen und ihren vielfältigen historischen Kontexten fasziniert, anstatt seine Spekulationen nur auf die der Sprache immanenten Phänomene zu beschränken. Es war vielleicht dieses Interesse, auf welches sich Meyer-Lübke bezog, als er in seinem Gutachten zu Spitzers Habilitation dessen Interesse an »der Sprache des Alltags« lobte – und es sollte zu Recht betont werden, daß Spitzers Interesse für Textinhalte von Anfang an auch eine Faszination für die Geschichte mit sich brachte. Denn selbst wenn seine Förderer oft genug an seiner Arbeit lobten, daß sie ausschließlich auf die Dimension des Textes konzentriert war, so befriedigte textuelle ›Immanenz‹ allein doch nie Spitzers intellektuellen Appetit – weder als Sprach- noch als Literaturhistoriker. Die eigentliche Errungenschaft Spitzers innerhalb der akademischen Welt seiner Jugend war nicht so sehr, daß er Interessen entwickelte, die sich sehr von denen seiner Lehrer unterschieden – sondern daß sie dies akzeptierten. Zwei der drei Themen, die er für die öffentliche Habilitationsvorlesung einreichte, waren zum Beispiel literarisch und eben nicht sprachwissenschaftlich,[38] und das Komitee entschied sich tatsächlich für die Vorlesung über Matilde Serao, eine italienische Autorin des späten 19. Jahrhunderts (d.h. eine beinahe zeitgenössische Schriftstellerin). Ebenso fand es niemand seltsam, daß Spitzer ein 65seitiges Pamphlet gegen sprachlichen Purismus »in verehrungsvoller Gegner-schaft«[39] Elise Richter widmete, die doch seine ehemalige akademische Lehrerin und die Lieblingsstudentin Meyer-Lübkes war. Es muß hier erwähnt werden, daß Elise Richters eigene Wendung gegen die Assimilation ausländischer Wörter im Deutschen keineswegs von nationalistischen Gefühlen motiviert war – sondern durch das von ihr angenommene junggrammatische Paradigma und dessen ausschließliche Konzentration auf einzelne Sprachen als Systeme. Von diesem Blickpunkt aus erscheint jedes Element, welches die Grenze zwischen verschiedenen Sprachen überschreitet, als eine Chaos verursachende Interferenz. Spitzers – lebenslanger – Enthusiasmus für kulturelle Kontamination und Vielfältigkeit war dagegen nicht nur ein Resultat seines Interesses für die Simultanität multipler kultureller Zusammenhänge. Es war eine Wahl, die in seinem literarischen, stilistischen und sogar »politischen« Geschmack begründet war.

Im gleichen Jahr, als das Pamphlet gegen Sprachreinigung und ein anderes kleines Buch erschien, das eine Kritik an Houston Stewart Chamberlains rassisch begründeter Sprachtheorie darstellte, also 1918, folgte Spitzer Meyer-Lübke, der seit 1915 in Deutschland lehrte, an die Universität Bonn. Der Umzug von Wien nach Bonn bedeutete aber keineswegs, daß Spitzer nun eine Stelle mit regelmäßigem Gehalt bekleiden konnte. Von verwaltungsrechtlichem Belang war einzig die von Wien nach Bonn erfolgte Umhabilitierung, d.h. das Recht, Vorträge und Seminare nun in Bonn zu halten. Viel mehr als in den vorausgegangenen Jahren achtete Spitzer jetzt darauf, in der akademischen und nicht-akademischen Welt auf sich aufmerksam zu machen, und die beiden 1918 erschienenen Pamphlete bestätigen mit ihren zu der Nachkriegssituation passenden

Themen sehr wohl diese Tendenz. Zugleich bezog sich Spitzer immer häufiger und expliziter auf das eine philologische Paradigma, das sich als Gegenposition zur Schule der Junggrammatiker definierte, d.h. auf Karl Voßlers ›idealistische‹ Sprachtheorie.[40] Indem er die Kausalitätsbeziehungen untersuchte, welche zwischen den Sprachphänomenen und dem ›menschlichen Verstand‹ vermitteln sollten (und nicht nur zwischen den verschiedenen linguistischen Elementen selbst), versuchte Voßler zu zeigen, daß sprachlicher Wandel durch Spannungen zwischen weitgehend institutionalisierten Weltsichten und ihrer Artikulation in den verschiedenen Nationalsprachen auf der einen Seite und außerordentlich kreativen ›genialen‹ Künstlern auf der anderen Seite motiviert war.[41] Das bedeutet, daß die ›idealistische‹ Analyse immer darum bemüht war, hinter Texten und ihren stilistischen Mustern ›etwas anderes‹ zu entdecken – ähnlich der heutigen *histoire des mentalités*.

Spitzers Hinwendung zum idealistischen Paradigma war allerdings ein nicht allein intellektuell motiviertes Manöver. Es gab zwar eine gewisse – vielleicht unbewußte – Affinität zwischen dem idealistischen Projekt und einigen Ambiguitäten in Spitzers Werk, welche, wie wir gesehen haben, bereits seit den Anfängen als Wissenschaftler existierten. Aber Spitzer wechselte nicht einfach die Seiten, um sich Voßlers intellektueller Position anzuschließen. Seine Veröffentlichungen um 1920 lassen vielmehr ein fortwährendes Oszillieren zwischen dem eher ›idealistischen‹ und dem mehr ›positivistischen‹ Standpunkt erkennen. Welcher Seite er in jedem konkreten Fall den Vorzug gab, schien von der Position abzuhängen, von welcher er sich jeweils distanzieren wollte. Sein »Anti-Chamberlain« zum Beispiel inszenierte den Diskurs des Autors als die Argumentation eines Wissenschaftlers, der ein Laienpublikum in die »nüchternen Wahrheiten, die der Forscher mitteilen kann«,[42] einführt. Diese positivistisch daherkommende Argumentation sollte Spitzers Leser davon abhalten, Sprachen im idealistischen Sinne als Ausdruck von nationalen oder rassischen Identitäten einzuschätzen. 1921 veröffentlichte er einen sehr aggressiven, um nicht zu sagen denunziatorischen Aufsatz gegen Voßlers Schüler Eugen Lerch[43], in welchem er nochmals die angeblich ›nüchterne‹ Position des Positivismus einnahm, um Lerchs Programm, die Sprachwissenschaft in eine Unterdisziplin der Kulturwissenschaften umzuwandeln, zu kritisieren. Voßlers Vorbild spielte für Lerch natürlich eine große Rolle – aber er bekam doch nur eine milde Dosis an expliziter Kritik ab: »Karl *Voßler* hat lange vor dem Kriege den Zusammenbruch der Sprachwissenschaft [...] auf dem Wege, den sie eingeschlagen hat, vorhergesagt [...]. [Seine beiden Werkchen] sind allerdings mehr in ihrer negativen Kritik als in ihrem positiven Programm [bei Lerch] fruchtbar: die Überleitung der Sprachwissenschaft in die Ästhetik gelang nicht ohne weiteres, da Sprache nicht nur dem Ausdruck, sondern auch der Mitteilung dient.«[44] Dagegen beginnt Spitzers Buch über die Italienische Umgangssprache[45] mit einer zehnseitigen Widmung an seinen Mentor Meyer-Lübke, welchen er vor allem für seine intellektuelle Offenheit gegenüber solchen Schülern rühmt, deren Prämissen, Fragen – und Antworten – sich von den seinen unterscheiden. Solche höflichen Worte für Meyer-Lübke waren allerdings die einzige Konzession, die Spitzer in einer Monographie machte, deren Prägung kaum hätte idealistischer sein können: »Die deskriptiv-psychologische Methode, die hier zur Anwendung gelangt, besteht im *Nachfühlen der psychologischen Prozesse, die sich zwischen zwei Gesprächspartnern während eines Gesprächs abspielen.*«[46] Schließlich zielte Spitzers umfangreiche Dokumentation des Diskurses, welchen italienische Kriegsgefangene in Österreich gebraucht hatten, um ihren Hunger zu beschreiben (den sie

aufgrund strenger Verbote nicht erwähnen durften), auch darauf
ab, die psychischen Prozesse unter der Textoberfläche auf-
zuspüren. Dabei kompensierte er seine idealistische Annäherung
mit einer stark rhetorischen Verpflichtung gegenüber dem
Positivismus wissenschaftlicher Experimente: »[Die Einrichtung
von Zensurstellen (…)] und die ihr entgegenwirkende Neigung
zu geheimsprachlicher Ausdrucksweise bringt auf sprachwissen-
schaftlichem Gebiet ein Experiment zuwege, das sonst kaum in
solchem Ausmaß studiert werden könnte.«[47]

Während Spitzer also den rhetorischen Gestus des Positivismus benutzte, um seine ungebrochene Loyalität zu den
nüchternen Prinzipien seiner akademischen Ursprünge her-
auszustellen, verrät die zunehmende Häufigkeit, mit der das
Wort ›Stil‹ als (selbst-)beschreibendes Attribut auftaucht, seine
wachsende Nähe zu Voßlers Position. 1922 bot der achtzigste
Geburtstag des großen Linguisten Hugo Schuchardt, Emeritus
der Universität Graz, Leo Spitzer die Möglichkeit, gleichsam als
eine Liebeserklärung an einen potentiellen Adoptivvater innerhalb der akademischen Welt zu schreiben, den er sich als die
Verkörperung einer Konvergenz zwischen Meyer-Lübke und
Voßler vorstellen wollte. Auch wenn Spitzer aufgrund von
Schuchardts Alter und dessen berühmter ostentativer Distanz
gegenüber dem akademischen Alltag der Berufungen und
Beförderungen auf keinerlei institutionelle Unterstützung durch
ihn hoffen konnte, stellte er eine umfassende – und intellektuell
beeindruckende – Auswahl von Schuchardts thematisch weit
gestreuten (und wie es scheint: nicht leicht zugänglichen) Essays
zusammen.[48] Da Schuchardts Forschungen ihm den Respekt
selbst der positivistischsten aller Sprachwissenschaftler einge-
bracht hatten, fühlte sich Spitzer nun frei, sein Werk als
Paradigma jener Überleitung der Sprachanalyse in die Kulturwissenschaften[49] zu rühmen, welche er nur zwei Jahre zuvor so

33

harsch an seinem Rivalen Eugen Lerch verurteilt hatte. Anders als Karl Voßler (ein Südwestdeutscher, der in München lehrte) und Wilhelm Meyer-Lübke (ein repatriierter Preuße), ermöglichte Schuchardt ihm eine Identifikation auf jener Ebene, welche Spitzer als die österreichische Gewohnheit des Multi-Nationalismus beschrieb:

> [...] aus seinen [Schuchardts] Theorien vom Ewig-Gemischten unserer Rassen, Kulturen, Sprachen folgt seine Gerechtigkeit und Toleranz den Sprachen wie den Nationen gegenüber. Schuchardt ist ein Völkerversöhner, vielleicht nicht ein Pazifist, aber ein Pacifex – er, der Wissenschaft in die Politik tragen will, die verbindende Aufgabe der Wissenschaft erkennt und im Kriege der Romania aus seinem Herzen wehmutsvolle Grüße sendet, ohne ein urtümlich kräftiges Deutschtum zu verleugnen – er ist wohl der berufenste Mittler im wirren Ringen der Völker.[50]

Mehr noch als das Prestige von Schuchardts Arbeit, so nehme ich an, beneidete und bewunderte Spitzer dessen persönliche Unabhängigkeit von der akademischen Welt. Da Schuchardts elegante Villa und ihr wunderbarer Garten nicht weit von den Universitätsgebäuden in Graz entfernt war, konnte er seine Seminare für eine Handvoll Studenten zu Hause abhalten, und oft lehrte er im Morgenmantel. Nach Schuchardts Tod wurde die Villa Malvine Eigentum der Universität.[51]

In dem kleinen Buch über die linguistischen Veränderungen, die in Spitzers Familie nach der Geburt seines Sohnes Wolfgang stattgefunden hatten,[52] erfand er jedenfalls eine Erzähler- und Forscherrolle, die dem Privatgelehrten-Ideal sehr nahe kam, eine Lebensform, die an Bernhard Shaws damals sehr populären Professor Higgins erinnerte. Neben den peinlichen Anspielungen auf den *haute bourgeoisie*-Lebensstil der Familie des

Autors (welche mit Spitzers fortwährenden Klagen über seine finanziellen Schwierigkeiten schwer vereinbar sind) ist vor allem die Überlegenheitshaltung, mit der er sich auf seine Frau als zentrales ›Objekt‹ seiner ›wissenschaftlichen‹ Studien bezieht, von sowohl historischem als auch psychologischem Interesse:

> Ich bemerke noch, daß meine Frau bis zur Zeit der Abfassung meiner Arbeit keine Ahnung davon hatte, daß sie linguistisch beobachtet werde, noch auch irgendwie zur Klärung der einzelnen Bildungen herangezogen wurde, höchstens suchte ich im Augenblick des Auftretens einer Neubildung die Assoziationen herauszubekommen, die sie beeinflußt haben – meist allerdings wußte sie selbst nicht ihre sprachlichen Antriebe zu deuten. Am 11. IX. 1922 entdeckte sie meine Notizzettel und ahnte deren Sinn, da sie äußerte: »Wird daraus eine Arbeit? Man muß sich ja vor dir in acht nehmen!«, aber ich gab keine rechte Antwort und sie kam nie wieder auf das Gespräch zurück.[53]

Je perfekter aber Spitzer die Rolle des Privatgelehrten in seinen Veröffentlichungen spielte, desto größer wurde der Groll über seine berufliche Situation. Um 1920 öffnete sich der Ton seiner Briefe an Karl Voßler zu fast hemmungsloser Vertraulichkeit. Am 12. Juli 1920 zum Beispiel begann Spitzer seinen Brief mit einem warmen Ausdruck seiner Dankbarkeit: »Verehrter, lieber Freund! Wie gütig sind Ihre Worte! Sie, der Sie auf dem Höhepunkt Ihrer äußeren und inneren Entwicklung stehen, haben soviel Gefühl für das Leiden eines ›deutschen Juden‹ [...]. Sie werden es nicht glauben, ich habe – unmännlich! – zwei Stunden geweint, als ich Ihre Zeilen las.« Die Vertraulichkeit ging so weit, daß Spitzer – wohl nicht ganz ohne Grund – seinen Mangel an beruflichem Erfolg als Reaktion auf seinen politischen ›Internationalismus‹ und auf seine jüdische Identität erklärte, und sich dann in vielfältigen und unerbetenen Deklarationen seines Glaubens an die deutsche Nation erging. Sogar

bei der Bekanntgabe seiner Heirat, die am 18. August 1919
stattgefunden hatte, schrieb Spitzer an Voßler, als ob es sich
um den Bericht über eine erfolgreiche strategische Mission
handele:

> Verehrter lieber Freund,
> beiliegend sende ich Ihnen das Schriftstück, das Sie so lange
> von mir lesen wollten. Meine Frau ist Reichsdeutsche,
> Christin, blond, klug, lieb, gutherzig, kennt mich genau –
> ist vor allem eine Frau, kein studiertes Blaustrümpflein. Wir
> werden glücklich sein, da wir uns Jahre lang geprüft haben.
> Ich möchte gerne den Zeitpunkt herbeiwünschen, da Sie sie
> kennen lernen werden.
> An meinem Hochzeitsmorgen kam Ihre Rezension.
> Herzlichen Dank!

Spitzer zögerte nicht, recht explizit einen Zusammenhang
zwischen dem herzustellen, wofür seine Heirat stand, nämlich
für kulturelle (und sogar religiöse) Assimilation, und seiner
Hoffnung auf beruflichen Erfolg:

> Meine Frau ist als Oberschlesierin Deutsche, hätten wir
> Kinder, die uns bisher versagt blieben, sie würden Christen
> – denn ich glaube, das Judentum muß sich im Deutschtum
> auflösen.
> [...] Nun hat M[eyer]-L[übke] den Extraordinarius-Titel [in
> Bonn] beantragt – aber ich darf eben nur *Titel* führen, nicht
> mitwirken am deutschen Aufstieg. Ich bin und bleibe Paria!
> Wo ich nichts sehnlicher wünsche als Deutscher zu sein!

Es war schwierig für Spitzer zu akzeptieren, daß weder seine
intellektuelle Vielseitigkeit noch die Mannigfaltigkeit der
Rollen, die er spielen konnte, sein Schicksal bald verbessern
sollten. So erklärte er Voßler am 15. Oktober 1919: »Bonn ist
scheußlich, jawohl, aber noch scheußlicher diese Gelehrtenwelt,
die alle möglichen Vorwände gebraucht, um die Jüngeren nicht

an ›ihre‹ Stelle zu lassen: bald heißt es: Jude, bald: Linguist, bald: zu jung, bald: zu alt, bald: streitsüchtig, bald: vielschreiberisch, bald: hat nichts gemacht – wie man's braucht!«

Es muß daher eine immense Erleichterung für Spitzer gewesen sein, als er 1925 den Ruf auf ein Ordinariat für Romanische Philologie an der Universität Marburg annehmen konnte. Und auch wenn er wenige Monate nach seiner Berufung bereits begann, das Milieu dieser gewiß provinziellen Universitätsstadt und die Kleingeistigkeit der meisten seiner Kollegen zu kritisieren (wie es ebenfalls sein Marburger Kollege Martin Heidegger tat), so erfüllte Spitzer doch die neuen Aufgaben mit Enthusiasmus und überschäumender Energie. Er brachte berühmte Intellektuelle und Wissenschaftler aus mehreren europäischen Ländern nach Marburg.[54] Er wurde zu einem charismatischen und sehr erfolgreichen akademischen Lehrer. Und für viele seiner Kollegen, etwa für die junge Germanistin Luise Berthold, war Spitzer eine wahrhaft inspirierende Figur:

> Im wissenschaftlichen Gespräch trafen wir noch am ehesten zusammen. Sonst gab es aber nicht viel unter der Sonne, worüber wir nicht verschiedene Ansichten und ziemlich stürmische Diskussionen gehabt hätten. Freilich verband uns die Überzeugung, daß jeder seine (begründete!) Ansicht haben dürfe. Im Laufe der Zeit lernte ich an Spitzer vielerlei schätzen. Nicht nur seinen Einfallsreichtum und seinen unermüdlichen Fleiß, sondern auch die Sorgfalt seiner Vorbereitung. Geistreich, wie er war, hätte er ein Kolleg auch einmal »hinlegen« können. Daß er das niemals tat, sprach für sein wissenschaftliches Ethos.[55]

Sehr bemerkenswert war, daß Spitzers nervöser Rollenwechsel innerhalb seiner Veröffentlichungen und seine fortwährenden Oszillationen zwischen zwei wissenschaftlichen Positionen, die nicht vollständig miteinander vereinbar waren, ab der Mitte der

zwanziger Jahre verschwanden, um einem zumeist unaufdring-
lichen, oft freundlichen und immer lebendigeren Selbstbewußtsein Platz zu machen, mit dem er nun begann, das zu entwik-
keln, was bald als seine eigene wissenschaftliche ›Methode‹
gelten sollte. In der Tat war der Begriff »Stil« der Schlüssel für
die frühen Stufen in dieser Entwicklung, und er stand für eine
nun beinahe totale Vorherrschaft von Voßlers idealistischem
Paradigma über die Strenge der Junggrammatiker.[56] Mit einer
weit programmatischeren Absicht als zuvor führte Spitzer aus,
daß Sprache im kollektiven und im individuellen Bereich
immer der Ausdruck seines – kollektiven oder individuellen –
Gedächtnisses sei und daß Textanalyse die Methode sei, mit
deren Hilfe man ein solches individuelles oder kollektives
Gedächtnis ›unter‹ oder ›hinter‹ den Textoberflächen entdecken
könne. Außerdem (vielleicht um eine Sympathiebotschaft an
Voßler und Croce zu senden) verfaßte Spitzer auch eine grundlegend gestimmte Lobrede auf die ›Immanenz‹ der Textanalyse,
welche, meine ich, viel puristischer ausfiel, als es seine Inter-
pretationspraxis war:

> Tatsächlich scheint mir Lesen, gründliches Lesen der beste
> Handwerkskniff, um hinter Geheimnisse der Sprachkunst zu
> dringen. […] das Verständnis des Künstlers quillt doch vor
> allem aus der zuständlichen Betrachtung seines Kunstwerks.
> Wer in es eindringt, wird hinter es dringen. Individuum
> non *est* ineffabile, äußerte ich einmal. Ein Gleichstrebender
> warf ein: Das Individuum ist un*aus*sagbar. Ganz richtig,
> möchte ich meinen, aber doch nicht unaus*sag*bar.[57]

Alles was in der Arbeit des Ordinarius Spitzer vom positivistischen Forschungs-Stil übrigblieb, für dessen Harmonisierung
mit dem idealistischen Paradigma er so heroisch gekämpft hatte,
waren halbherzige Ermahnungen zugunsten einer Zusammen-
arbeit zwischen Literatur- und Sprachwissenschaften:

> Gegen den Separatismus eines naturwissenschaftlichen
> Betriebs bei den Linguisten, eines geisteswissenschaftlichen
> bei den Literaturforschern ist nun seit längerer Zeit ange-
> kämpft worden, am wirksamsten unter den deutschen
> Romanisten von *Voßler*, der, da er ja mit Croce die Sprache
> mehr als Ausdruck, denn als Mitteilung faßt und die
> Sprache der Ästhetik naherückt, stets die Erklärung eines
> Dichters aus seiner sprachlichen Umwelt, die mindestens so
> bedeutungsvoll sei wie seine sonstige biographische,
> verfochten hat, also das Wortliche, Wortkünstlerische an
> der Philo»logie« theoretisch betont […].[58]

Die neue, fast ausgeglichene Haltung, die Leo Spitzer seit der
Mitte der zwanziger Jahre im öffentlichen Bereich seines Berufs
zeigte, ging aber nicht immer mit einem größeren Maß an
persönlicher Zufriedenheit einher. Seine Briefe an Voßler
waren nach wie vor voll von diesen immer überraschenden
Stimmungswechseln – mit dem einen Unterschied allerdings,
daß sie nun eher mit einer euphorischen als einer dysphorischen
Bemerkung endeten. Am 25. Februar 1927, achtzehn Tage
nach seinem vierzigsten Geburtstag, schaltete Spitzer um von
antizipierter Frustration bezüglich einer anstehenden akademischen Tanzgesellschaft zu generellem Optimismus über seine
wiedergewonnene Fähigkeit, das Leben zu genießen: »Heute
abend Rektorball – Empi wird sich austanzen[59], ich wieder
einmal am Rande des Lebens sitzen … Denkt Euch, ich bin
jetzt schon über 40 Jahre alt. Was sagt Ihr? Ich kann's nicht
glauben, wo ich noch des Hasses Kraft, die Macht der Liebe in
mir spüre, die Lust am Kampf und die Freude am Werben um
Freundschaft edler Menschen.«

Dieses Verlangen nach einem intensiven Lebensgefühl mag
erklären, warum die so ausgewogene methodologische Position,
die Spitzer inzwischen in den »Stilstudien« ausgearbeitet und
vorgestellt hatte, nicht von langer Dauer sein sollte – auch

wenn der Moment dieser Arbeiten durch die breite Rezeption von Spitzers Arbeit in der Literaturwissenschaft auf ewig festgeschrieben scheint.[60] Seltsamerweise tauchte Spitzers neue These, die hauptsächlich darin bestand, den Werten der Unmittelbarkeit und des Erlebnisses (d.h. Methoden der Welt-Aneignung, die nicht auf Interpretationen und Konzepten basieren) einen dominierenden Status zu verleihen, zum ersten Mal in einem Zusammenhang auf, der einer solchen Direktheit recht fern schien – nämlich in seiner Einleitung zu einer Anthologie von »Meisterwerken aus der Geschichte der Romanischen Philologie«:

> Und schließlich ist, wie ich glaube, das wissenschaftliche Objekt doch letztlich nur jenes Medium, in dem die Geister der Lehrenden und Lernenden sich treffen – ein Mittel dazu, daß Menschen zueinanderkommen, weil sie *direkt* auf dieser Welt so selten zueinander können. Ziel der Wissenschaft ist doch letztlich nicht bloß die Sache, sondern ›der Mensch‹, der Mensch mit seiner Sache, der Sache, die er vertritt, der Sache, derer er bedarf, um sich hienieden zu behaupten. »Methode ist Erlebnis«, sagt Gundolf: die wissenschaftlichen Erlebnisse großer Gelehrter sind ebenso darstellenswert wie die künstlerischen Erlebnisse großer Künstler. Ein großer Romanist – das ist für mich nicht nur, wer ein Kompendium des Wissens zu bieten hat, sondern wer sein Gebiet seinem Publikum ›vorzulegen‹, ›darzuleben‹ versteht.[61]

Zusammen mit einem andauernden Interesse für den Zustand und den Begriff des ›Erlebens‹ sollte das Gundolf-Zitat »Methode ist Erlebnis« Spitzer bis an das Ende seiner Laufbahn begleiten.[62] Es ist gut möglich, daß dieses Zitat ursprünglich nicht mehr als eine Variation zu Wilhelm Diltheys Behauptung sein sollte, der Wert großer Bücher liege in ihrer Eigenart als Ausdruck des Erlebens eines Künstlers. Während Spitzer um

1920 bestimmt nicht die Absicht gehabt hätte, diesen Aspekt miteinzubeziehen, so unterstrich er nun besonders Unmittelbarkeit und Erlebnis als Voraussetzungen für den direkten Kontakt des Lesers mit dem Text – womit er den Worten Gundolfs eine programmatischere Bedeutung gab, als der große Germanist es sich wohl gedacht hatte. Es wurde immer mehr zu einer ›Methode‹ für Spitzer, sich von einem Text beeindrucken zu lassen, einfach beeindrucken zu lassen – ohne zunächst zu versuchen, ihm eine Bedeutung zuzuschreiben. Die Wichtigkeit des Erlebens als ›Methode‹, als Annäherung an Kunstwerke und an die Geschichte ist – wenn vielleicht auch systematisch nicht ganz überzeugend – beschrieben in Spitzers Einleitung zu einer weiteren zweibändigen Sammlung von Essays, die 1931, nur drei Jahre nach den »Stilstudien«, veröffentlicht wurde. Wenn die Einleitung zu dem neuen Buch als eine Rekapitulation der Position begann, die Spitzer auf der Basis von Voßler bereits 1928 umrissen hatte, so endet sie mit einer scharfen – und wirklich überraschenden – Wendung gegen die Stilkritik:

Ich weiß nicht, inwieweit meine Interpretationen des Sprachlichen überzeugt haben. Vielleicht findet man sogar zu wenig das Sprachliche gedeutet: es entspricht das einer sich immer mehr in mir durchsetzenden Ansicht, daß die Stilistik und die Herauslösung des Sprachlichen aus dem Kunstwerk eigentlich zu verschwinden, aufzugehen habe in der Analyse des Kunstwerkes. Die Verabsolutierung und Selbstbehauptung der Stilistik (wie sie im Augenblick noch besonders stark H. Pongs und H. Hatzfeld betonen) ist nur ein verständliches Übergangsstadium zwischen der »unästhetischen Sprachbetrachtung« und der allein berechtigten Totalanalyse des Kunstwerks. Ich möchte diese Interpretationen nur als *persönliche* Versuche aufgefaßt wissen, direkt, mit dem modernen Sprachbewußtsein und mit dem modernen Sensorium an Kunstwerke auch älterer Zeit heranzugehen – andere mögen im Detail einzelne Stellen oder die ganzen Gedichte anderes interpretieren und mich kontrollieren, aber *eines* möchte ich *unbedingt* als berechtigt hinstellen: daß wir *direkt*, mit unserem persönlichen Empfinden an das Sprachliche herangehen dürfen.[63]

Auf den beiden folgenden (und abschließenden) Seiten dieses Aufsatzes schien Spitzer hin- und hergerissen zu sein zwischen der Versuchung, einige Konzepte zeitgenössischer phänomenologischer Philosophie für die Beschreibung seines Ansatzes zu verwenden und seiner gegenläufigen Absicht, nicht einen allzu abstrakten Diskurs in Konflikt mit seiner Lobpreisung der Unmittelbarkeit kommen zu lassen. Das Ergebnis war eine ziemlich grobe Mischung von starken Behauptungen, schiefen Metaphern und konventionellen Bildern, die in einer grotesken Selbstreferenz kulminierten: »[...] unser Recht ist es, lebende Frösche nicht als tote anzusehen, lebende Bäume nicht als Balken zu erklären – und die Sprache *lebt* in der Sprache der Dichter, die sogar manch abgestorben scheinendes Sprachholz gleich dem Tannhäuserstab zum Neuknospen bringen können. Man kann es uns also nicht verwehren, wenn wir lieber Baumphilologie als Balkenphilologie betreiben.«[64] Was unter so vielen Konzepten und Bildern, die um einen Konvergenzpunkt kämpfen, zum Vorschein kam, war die Intuition, daß der ›Zauber-Stab‹ einer bestimmten Art des Lesens, jener Art des Lesens nämlich, die nach der Intensität des Erlebens sucht, den Textinhalt zum ›Leben‹ erwecken und ihn in Ereignishaftigkeit und Präsenz verwandeln könne. Daß Spitzers Essaysammlung von 1931 etwas überraschend einen von seiner Studentin Rosemarie Burkart verfaßten Aufsatz über Jorge Manrique und François Villon enthielt,[65] rechtfertigte er, indem er diesen Aufsatz als perfekte Veranschaulichung seines eigenen Konzepts der Unmittelbarkeit im Umgang mit Texten der Vergangenheit darstellte. In einem Brief vom 5. Januar 1932 teilte Erich Auerbach ausdrücklich Spitzers Einschätzung dieser Arbeit. Auerbach fügte allerdings, wie es für ihn typisch war, einige wenige, scheinbar nur mild-kritische Worte hinzu: »Der Beitrag von Rosemarie B. gefällt mir gut, etwas leichtherzig, weil unorientiert, geht sie S. 291 mit dem Körper um.«

Kritik (vor allem, wenn sie in derart milde Worte gekleidet wurde) störte Spitzer in diesen Jahren nicht, und was das Thema des Körpers anging, so war er zu der Überzeugung gelangt – mehr vielleicht, als er Voßler überzeugen konnte – daß er längst alle seine Versuchungen und möglichen Schwie-rigkeiten überwunden hatte: »Ich komme, je älter ich werde, dazu, die ›halben‹ Beziehungen zu schätzen, d.h. diejenigen, die nicht von den Erfordernissen des Alltags geschmiedet werden (zu denen ich natürlich auch die Sexualität rechne), sondern die ›pures‹ im Valéry'schen Sinne sind, nur in ihrer Idealität leben«.[66] Seit die Möglichkeit eines Wechsels von Marburg nach Köln gegen Ende des Jahres 1929 zur Gewißheit gewor-den war – und obwohl Spitzer wiederum nur wenige Monate brauchte, um über seine neue Universität und seine neuen Kollegen zu klagen – äußerte er sich optimistisch und zufrieden über seine Arbeit und über sein privates und gesellschaftliches Leben. Wenige Tage vor dem Familien-Umzug nach Köln, am 26. März 1930, schrieb er Voßler in diesem Sinn:

Und tatsächlich strömt mir in diesen Tagen so viel Liebe zu wie ich nie gedacht. Empi sogar bekehrt sich zu meinem Programm: Wer viel Liebe sät, wird viel Liebe ernten. Unser Salon ist ein Blumenhain. 10 Studenten mindestens, ältere Semester, wollen mitziehen. Und eigentlich erntet man *mehr* als man gesät. Ich bin so sehr glücklich auf meiner

Reise nach Cöln und Berlin gewesen, weil ich wußte, daß ein paar junge Wesen mit uns kommen und ich nicht unbegleitet und sozusagen unbeschützt in die neuen Verhältnisse hineinsteigen muß, sondern getragen von liebevoll mitempfindenden Herzen. Ich hätte nie gedacht, daß man so rein und schön zu jüngeren Wesen stehen kann – die größere Reife bringt mehr Ruhe, aber auch größere Innigkeit.

In den Augen von Raymond Aron, der Französisch an Spitzers Kölner Institut lehrte, sah die Situation etwas weniger unschuldig aus: »Le département de langues romanes, à l'université de Cologne, en l'année 1930–1931, dirigé par Léo Spitzer (qu'entournait un bouquet de jeunes filles en fleur), ne manquait ni de chaleur ni d'éclat.«[67]

Was Aron im Rückblick viel ratloser als Spitzers angebliche Affären machte, war seine eigene – und Spitzers – Naivität zum Zeitpunkt der nationalsozialistischen ›Machtergreifung‹ am 30. Januar 1933: »Léo Spitzer était lui aussi juif, assimilé comme on dit. Après l'arrivée au pouvoir de Hitler, il me complimenta pour un article modéré sur le national-socialisme paru dans *Europe*; il me reprocha de n'avoir pas insisté assez sur la ›nouvelle civilisation‹ qu'apportait avec lui le national-socialisme.« Arons Erinnerung mag ein übertriebenes Bild von Spitzers politischer Naivität zeichnen – aber es ist eine Tatsache, daß Spitzer bis auf ein paar Briefe an Voßler, in denen er versuchte, einen verzweifelten Ton anläßlich seiner eigenen Opfersituation anzuschlagen, ziemlich unbeeindruckt vom Beginn der nationalsozialistischen Revolution gewesen zu sein scheint. Politischer Widerstand oder Engagement waren keine Rollen, die ihm zusagten. Es war, als ob ein Wille, die politische Gegenwart gar nicht zu erleben, ihn gegenüber den Ereignissen neutralisierte, welche sich um ihn zutrugen. Am

27. Februar 1933, in seinem ersten Brief an Voßler nach Hitlers Ernennung zum Reichskanzler, erwähnte Spitzer die neue politische Situation nicht mit einem Wort. Am 8. März schrieb er ein paar düstere Sätze über »den Sieg des Primitiven um uns«. Zu diesem Zeitpunkt hatte er zumindest begriffen, daß Konrad Adenauer, der Kölner Oberbürgermeister, den Spitzer lange Zeit als Verbündeten der italienischen Faschisten angesehen hatte,[68] seinen Posten nach den nächsten Wahlen nicht mehr bekleiden würde. Er sprach auch recht leichtherzig (und mehr oder weniger metaphorisch) über sich selbst als einen ›Arbeitslosen‹ – weil er fühlte, daß die neue deutsche Gesellschaft keine Welt war, in der er leben und lehren wollte. Immerhin war Spitzer im März 1933 noch ein deutscher Professor.

Während dieser Wochen, unmittelbar vor seiner verwaltungsrechtlich gültigen Entlassung, befaßten sich Spitzers Briefe an die offiziellen Universitätsinstanzen wieder mit durchaus trivialen Angelegenheiten. Am 13. April fragte seine Assistentin Rosemarie Burkart in Spitzers Namen um neue Schlösser an, die es ihr, ihren Kollegen und dem Personal der Seminarsbibliothek ermöglichen sollten, die Bürotüren direkt vom Schreibtisch aus zu bedienen. Am 21. April schrieb Spitzer persönlich einen langen Brief, um die Notwendigkeit dieser Anschaffung zu erklären.[69] Am 25. April, vier Tage bevor das seine offizielle Entlassung betreffende Dekret in Köln eintraf, bedrängte er die Verwaltung, überfällige Bücherrechnungen für die Bibliothek zu bezahlen. Am Sonntagmorgen derselben Woche aber sandte Spitzer endlich einen undatierten Brief an Voßler, der, so relativ ruhig er auch gewirkt haben mag, die emotionalste Reaktion – zumindest die emotionalste Reaktion, die ich gefunden habe – auf die Situation war, welche ihn bald zwingen sollte, Deutschland zu verlassen:

Mein lieber Carlo:
Gestern abend um sieben Uhr ließ mich ein Beamter der
Universitätsverwaltung wissen, daß der Minister meine
Entlassung ausgesprochen und die Universität per Telegramm darüber in Kenntnis gesetzt hat. Wenige Minuten
später ein Anruf des Vizekanzlers, der mir Verhandlungen
mit dem Ministerium über meine Zurückführung in den
Lehrkörper in Aussicht stellte. Sehr skeptisch! Zugleich
entlassen wurde ein Volkswirtschaftler, den sie des »Separa-
tismus« bezichtigen und dessen Villa gestern vom Mob
angegriffen wurde. [...]
Was nun? Gib mir einen Rat, Carlo. Wir sind umgeben
von schweigend grinsenden Tatsachen. Ein weiteres
Anliegen: Stanzi Friedmann ist in einer verzweifelten
finanziellen Lage (sie ist nicht umsonst eine Jüdin, die sich
auf Philosophie spezialisiert hat). Sie würde gern ihr Som-
merhaus in Pörtschach verkaufen. Bist Du interessiert?
Dann könnten wir wenigstens die Sommer nahe beiein-
ander verbringen.
Herzlich und freundschaftlich, in glücklichen wie in
unglücklichen Tagen,
Dein alter
P.

Anscheinend war Spitzer nicht fähig, sich ganz auf diese
Katastrophe für sein berufliches – und privates – Leben zu
konzentrieren. Und während nicht einmal die schlimmsten
Nachrichten Spitzers Aufmerksamkeit ganz in Anspruch
nehmen konnten, verwickelten sich seine Feinde und Freunde
an der Universität Köln in einen Austausch von Attacken und
Gegenangriffen, die ihn nur mäßig zu interessieren schienen.
Am Mittwoch, dem 19. April, lud sein Forschungsassistent
Traugott Fuchs die Kommilitonen zur Unterstützung von
Professor Spitzer auf eine ›Demonstration‹ am folgenden Tag
(der ausgerechnet Hitlers Geburtstag war). Am 2. Mai geneh-

migte das Berliner Ministerium, wiederum per Telegramm, eine Zahlung von dreihundert Mark monatlich und die Rückerstattung aller Fahrtkosten für Professor Curtius von der Universität Bonn, der Spitzers Vorlesung übernehmen sollte. Am 23. Mai beschlossen Spitzers immer noch aktive Fakultätskollegen einstimmig, auf eine Wiederaufnahme der Verhandlungen des Falls Spitzer zwischen der Universitätsverwaltung und dem Ministerium zu drängen. Während diese Initiative keinerlei Ergebnisse eintrug, hatte ein denunziatorischer »Bericht über die Situation am Romanischen Seminar«, der dem Universitätspräsidenten am 19. Juli 1933 zuging, beträchtlichen Erfolg.[70] Sein Autor war ein gewisser Sepp Thomer, der behauptete, der ›Leiter‹ der nationalsozialistischen Studentenorganisation an Spitzers früherem Institut zu sein. Das Schreiben bezichtigte unter anderem vier von Spitzers Assistenten aus verschiedenen Gründen: de Clerck, einen Belgier, weil er kein deutscher Staatsbürger war und weil er für sozialdemokratische Zeitungen geschrieben habe; Elena Eberwein, weil sie die Tochter einer deutschen Mutter und eines ›Dalmatiner‹ Vaters sei und weil sie »in deutscher Sprache mit ausländischem Akzent« unterrichte; Traugott Fuchs, weil er die Kundgebung zur Unterstützung Spitzers an Hitlers Geburtstag veranstaltet habe und in einem Seminar »sehr in Spitzers Stil« eine »erotische« Interpretation mittelhochdeutscher Gedichte gegeben habe; Dr. Rosemarie Burkart, weil sie inkompetent und unfreundlich zu Studenten sei und außerdem Spitzer »sehr nahezustehen« scheine. Für jede seiner insgesamt neunzehn detaillierten Beschuldigungen nannte Thomer Zeugen. Unter diesen potentiellen Zeugen waren Spitzers früherer Assistent Ivo Dane und Dr. Hugo Friedrich, den Spitzer als Habilitationskandidaten in Köln zugelassen hatte. Friedrich sollte die Habilitation tatsächlich ohne Spitzers Hilfe im Dezember 1933 erreichen. Er wurde Anfang 1934 zum Geschäftsführenden Direktor des Romanischen Seminars ernannt und galt später als einer der angesehensten Literaturwissenschaftler im Nachkriegsdeutschland.[71]

Thomers Brief ist ein widerwärtiges Zeugnis der politischen und rassistischen Hetzjagd im frühen Nazideutschland. Aber vielleicht spiegelt es doch auch ein nicht nur ideologisch motiviertes Gefühl der Unzufriedenheit und des Grolls, das unter vielen von Spitzers Studenten in Köln herrschte. Ohne große Vorsicht oder Fairness favorisierte der glückliche und zuversichtliche Spitzer der frühen dreißiger Jahre eine kleine Gruppe von Schülern, die mit ihm aus Marburg gekommen war – und vor allem im Fall von Rosemarie Burkart rief sein berufliches Wohlwollen lange vor 1933 kritische Reaktionen seitens der Universitätsverwaltung hervor. Im April 1931 hatte Spitzer etwa entschieden, Ivo Dane als Wissenschaftlichen Assistenten durch Burkart zu ersetzen. Die Verwaltung weigerte sich zunächst aus einem Grund, der während der wirtschaftlichen Krise um 1930 gewichtig war, seinem Vorschlag Folge zu leisten: Dane war ein fünfunddreißig Jahre alter Kriegsveteran, während Burkart, laut Universitätsverwaltung, keine deutsche Staatsangehörigkeit besaß. Dennoch erhielt Burkart schließlich diese Stelle. Am 23. Juli 1932 kritisierte der Dekan Spitzer, weil er Burkart die Erlaubnis gegeben hatte, den Titel ›Dr. phil‹ zu tragen, bevor ihr der Doktorgrad öffentlich verliehen worden war. Und weniger als einen Monat später, am 11. August 1932, erhielt Spitzer einen weiteren Brief von der Verwaltung, die sich weigerte, Gehaltszahlungen an die Mitarbeiter auf Basis einer Anfrage zu leisten, die von »Fräulein Burkart«[72] – und nicht vom Institutsleiter – unterschrieben worden war.

Als Sepp Thomers Brief bereits den Präsidenten der Universität erreicht und dieser auf ihn reagiert hatte, im Juli 1933, waren Köln und das, was vielleicht die – zumindest strategischen – Fehler von Spitzers Vergangenheit darstellten, für ihn bereits ein abgeschlossenes Kapitel in seinem Leben. Er war offenbar gewillt, seine Zufriedenheit, auf die er so lange gewartet hatte, nicht durch die politischen Umstände stören zu lassen. Zehn Tage nach Thomers Denunziation, am 29. Juli 1933, bat er die Verwaltung um die Erlaubnis (welche ihm auch erteilt wurde), eine Gastprofessur an der Universität Manchester annehmen zu dürfen – aber bis zum September hatte er sich dann entschieden, eine Professur in Istanbul anzunehmen. All diese Monate hindurch waren Leo Spitzers Briefe an Karl Voßler viel undramatischer als in anderen Momenten seines Lebens. Er erwähnte, daß er an einem Aufsatz über La Fontaine arbeite.[73] Er kritisierte nochmals Auerbach – diesmal wegen seiner angeblichen Bemerkung, daß es »anständige Leute« unter den Nazis gäbe. Aus einer bereits erstaunlichen emotionalen Distanz beschrieb er Friedrich als jemanden, der »widerwärtige Assistentenmanieren [entwickelt]« habe und als einen »Streber erster Güte«. Bei all seiner Unbekümmertheit mußte Spitzer sich bewußt geworden sein, daß man von ihm, dem *virtuoso* des Erlebens, nun viel stärkere Reaktionen erwartete. Denn am 4. Juni 1933 schloß er einen Brief an Voßler mit einer gelassen selbstkritischen Anmerkung »Wahrscheinlich habe ich selbst mein Unglück noch nicht genügend begriffen«. Die Ereignisse der Nazipolitik zu verstehen und sie ernst zu nehmen, hätte für Leo Spitzer bedeutet, sein Erleben auf politische Belange zu konzentrieren. Aber die hatten nie seine Aufmerksamkeit gefesselt, nicht einmal im Jahr 1933.

Im Oktober 1933 reiste die Familie Spitzer zusammen mit Dr. Rosemarie Burkart auf dem Seeweg in die Türkei.[74] Bald war man weit entfernt von Deutschland, allerdings nicht außer

Reichweite des Kollegenklatsches. Am 29. Juli 1934 etwa hielt Victor Klemperer die letzten Neuigkeiten über Spitzers Leben in der Türkei in seinem Tagebuch fest:

> [Frau Deuber erzählt] allerlei Unschönes von Spitzer. Er habe sich etwas wegwerfend über meinen »Feuilletonismus« ausgesprochen. Er habe ein Liebesverhältnis mit seiner Assistentin Rosemarie Burkart. Er sei übermäßig eitel, taktlos, wenig beliebt. Er hat einen Ruf an die Harvard University. Man hält ihm den Platz offen, bis er seinen türkischen Vertrag abgedient hat. [...] Er habe für Über-siedlung der türkischen Regierung besonders hohe Kosten berechnet. Darunter: »Bakschisch für Zollbeamten«. Er habe einen so besonders unartigen Jungen (»Puzzi« [sic]).[75]

Das folgende Jahr hindurch verwandelte sich das Gerede über Spitzer in einen Hoffnungsschimmer für Klemperer, der als jüdischer Professor mit ihm das Schicksal der akademischen Entlassung teilte – aber nicht das Glück gehabt hatte, einen neuen Posten im Ausland zu finden. Als Protegé Voßlers war Klemperers Erwartung, Spitzers Nachfolger in Istanbul zu werden (und so die Stelle zu besetzen, die schließlich die Stelle Auerbachs werden sollte) nicht ganz unrealistisch. Im August 1935 allerdings dachte Klemperer, daß Spitzers Affäre Grund genug für ihn geworden sei, um in der Türkei zu bleiben: »Spitzer hat ein Liebesverhältnis mit seiner Assistentin Rosema-rie Burkart, seine Frau ist nach Österreich, er kann mit der Illegitimen nicht nach USA, bleibt deshalb in Istanbul. Derart geht auch diese entfernte Hoffnung hin.«[76]

Rosemarie Burkart war seit 1928 Spitzers Studentin gewe-sen,[77] seit der Zeit, als dieser vom idealistischen Paradigma der Stilkritik zu seinem Beharren auf dem »Erleben als Methode« umgeschwenkt war. Da sein Verhältnis mit Rosemarie Burkart nun 1935 allgemein bekannt geworden war und da Spitzer auf der anderen Seite immer wieder den sehr privaten Charakter seiner Freundschaft mit Voßler betonte, mußte Voßler sich durch Spitzers Stillschweigen über diesen einen Punkt etwas betrogen fühlen.[78] Es sieht aber so aus, als ob Spitzer Voßler seine Situation schließlich in einem Brief im Frühling 1935 ausführlich geschildert habe,[79] worauf Voßler ihn beschuldigt zu haben scheint, er eröffne ihm nur die halbe Wahrheit. Die glücklichen Tage, in denen Spitzer der Illusion frönen konnte, alles erreicht zu haben – öffentliche Respektabilität und privates Glück, die Tage, als er sich zugleich unabhängig von der ihn umgebenden Welt fühlte und sich als Herr über sein Schicksal ansah, diese Tage waren endgültig zuende gegangen. Seine Freunde, seine Kollegen und wahrscheinlich auch seine Frau erwarteten eine Entscheidung von ihm. Um Rat suchend, schrieb er am 6. Juni 1935 einen langen und endlich aufrichtigen Brief an Voßler:

> Vor allem muß bemerkt werden, daß die Situation, in der sie [Rosemarie] par la force des choses gesehen wird, eine wenig günstige ist: Intrigantin, Einschleicherin, Heuchlerin, Egoistin usw. – das wird wohl der Tenor der Reden sein, die Uneingeweihte – und Empi gehört im Grunde zu ihnen – so halten. In Wirklichkeit ist sie nichts von alledem, nur sehr schicksalsgläubig und nicht überzeugt davon, daß wesentliche Spannungen oder Lagerungen künstlich vertuscht oder gewaltsam niedergehalten werden könnten. Sie hat selbst von Anfang an selbstverständlich nur als Lehrer an mich gedacht, später sich loszumachen gesucht (bis zum Herbst des vergangenen Jahres), nun aber wohl sich zu der Meinung durchgerungen, daß niemand, wie sie einmal schrieb, soviel ›Reife und Jugendlichkeit, Weisheit und Charme‹ verbinde – ich wiederhole diese Worte nicht weil sie mir wohltäten, also aus Eitelkeit, sondern damit Du siehst daß es ganz bestimmte Dinge sind, die sie verlangt

oder schätzt. Was sie mir innerlich geleistet hat in den fast sieben Jahren, die wir uns kennen, ist ganz einfach dies: mich zu befreien von den ewigen Minderwertigkeits- und Selbstzersetzungsleiden, mich leben zu lassen als der Mensch der ich bin, ohne Anrufung eines anderen Gesetzes. Empi dagegen will mich ›anders‹, anders als ich je war und sein kann, anders auch als ich je *zu ihr* war. R[osemarie] glänzt nicht auf einem Gebiet ganz besonders, sondern sie versteht das Leben vielfältig zu führen, Wissenschaftlerin, Lehrerin, Frau, Sportlerin, Musik- Kunst- und Naturfreundin, Menschenfreundin usw. zu sein − und da sie selbst sich nie langweilt, kann sie den Nebenmenschen auch zeitweilig entlassen und in sich sein lassen. Dies ihre Stärke, die nicht mit Lauheit zu verwechseln ist, weil sie nicht in Kraft nun auftritt.

Im folgenden Jahr nahm Leo Spitzer eine Professur für Romanische Philologie an, welche ihm die Johns Hopkins University angeboten hatte. Aus seinen Briefen an Voßler können wir schließen, daß ein Gefühl der Verantwortung gegenüber seiner Frau und seinem Sohn und vielleicht auch Empis Weigerung, einer Scheidung zuzustimmen, eine wichtige Rolle bei diesem Entschluß spielten. Am 6. Dezember 1936, in dem ersten Brief, den er Voßler aus Baltimore schrieb, schildert Spitzer die dramatischen Umstände der zweiten Emigration, welche er und seine Familie unternahmen:

> Der Abschied von Istanbul war ein sehr melancholisches Ereignis. Spürte ich, daß damit ich von eigentlich fast allem Abschied nahm, was mir ansonsten Familie und Wissenschaft wert ist: deutsches Leben, Europa, alte Kultur, *ein* lieber und geliebter Mensch, viele junge Mitarbeiter, verständnisvolle Studenten − und sogar die Türken selbst, die mich doch wie einen deutschen verdienten Professor wegfeierten (ein Abschiedsvortrag meinerseits, ein Rektoratsabend, ein Tanzabend). Der Moment, als das Schiff sich

in Bewegung setzte und die Freunde und Schüler – mit *einer* Ausnahme, der trauerbeladensten – Abschied nahmen, war einer der schwersten meines Lebens.

In Brindisi angekommen, rief mich ein Telegramm Maries nach Rom, wo Puxi an Blinddarmentzündung und Peritonitis lebensgefährlich erkrankt und operiert worden war. Ein großer Spezialist hat ihn gerettet, ein vornehmer und kenntnisreicher Mann. Ich kam noch so zu Recht, daß ich den allerdings noch nicht aller Gefahr entkommenen Buben sehen und die Abreise für ihn und die Mutter arrangieren konnte.

Die beiden fahren 20 Tage später – mit der »Vulcania«, die zwischen Neapel und Palermo gebrannt hat. Schon war das Schiff aufgegeben, die Rettungsboote bereit gemacht, 4 Mann der Besatzung gestorben – da gelang es, im letzten Augenblick, das Feuer zu bewältigen. Die beiden Armen haben sich tapfer benommen – Puxi mit der offenen Operationswunde! Ich las die Hiobsworte in den hiesigen Zeitungen und den herzbohrenden Sensationstiteln in Fettgroßdruck: »Dampfer Vulcania in Feuer – ruft SOS«.

Mein Einzug hier vollzog sich in sehr angenehmen äußeren Formen. Alles ist hier nett, höflich, ruhig, entgegenkommend […].

Jenseits solcher Höflichkeit gab es allerdings nicht viel, das Spitzer an den Vereinigten Staaten zu schätzen bereit war. Sein Vorurteil war so stark, daß er seiner neuen Umgebung noch nicht einmal die kurze Zeitspanne an positiven Erwartungen zubilligte, welche seinen Rufen nach Marburg und Köln gefolgt war: »Auch ist jedermann, vom letzten Neger bis zum hohen Beamten oder Professor, sehr bequem geworden, man arbeitet ohne Hast und wenig und hat ein gutes Auskommen und bequemes Leben, und denkt sich in der besten aller Welten, das arme törichte Europa bedauernd.«[80] Während dieser unrühmliche – und, wie wir sehen werden, sehr arrogante – Eindruck von der amerikanischen Berufswelt Spitzer überhaupt nicht zu überraschen schien, war die Unmöglichkeit, trotz seiner guten Absichten, eine erneute und bessere Beziehung zu seiner Frau herzustellen, wirklich entmutigend und hatte Auswirkungen auf seine Zukunftspläne: »Empi [...] hat viel gelitten, auch sind wir beide zu sehr auseinanderentwickelt, um uns ganz eindeutig zusammenzufinden.«

Dies erklärt wohl, warum Spitzer nach seinem ersten Jahr in Baltimore beschloß, für den Sommer nach Istanbul zurückzukehren – dieses Mal fest entschlossen, Rosemarie Burkart zu ehelichen und all das auszuräumen, was das unwiderstehliche Glück überschattet hatte, das neun Jahre zuvor in sein Leben getreten war. In ganz unvorhergesehener Weise sollte diese Reise in die Türkei auch zu einem Wendepunkt in seinem Leben werden. Vor seiner endgültigen Rückreise in die Vereinigten Staaten berichtete Spitzer Karl Voßler in einem Brief vom 3. September 1937, den er in seinem (noch nicht enteigneten) Haus in Pörtschach geschrieben hatte, was geschehen war. Offensichtlich gelang es ihm nicht, den leidenschaftslosen und distanzierten Ton aufrechtzuerhalten, in dem er seine Erzählung begann:

> Sehr viel Sorgen. und Kummer hat mir Rosemarie gemacht: sie ist, wohl infolge Überarbeitung, Alleinsein, Sorge um ihre Zukunft, im April nervös zusammengebrochen, erholte sich dann langsam, z.T. mit mir, – aber ihr Schicksal fordert gebieterisch eine Lösung. Ich hatte zuerst dennoch die Scheidung erstrebt, wozu Empi jetzt mehr bereit gewesen wäre, aber alles scheiterte an dem – begreiflichen – Widerstand der Eltern. So wird denn R. jemand anderen heiraten müssen, um ihr Leben irgendwie in Ruhe zu retten. Ein schwerer Schlag für mich, der Tod meiner seelischen Jugend; ich hab ihr als *der* Frau meines Lebens vieles zu danken, einen anderen Lebensstil, mehr noch: eine

Ausgesöhntheit mit der Welt. Das alles wird jetzt fraglich, und die Wellen des Exiljammers schließen sich immer mehr über dem verzweifelten Schwimmer. Empi und Puxi sind lieb zu mir, denn nun wissen sie wie jedermann, der mich kennt, was aus meinem Leben ausscheiden wird: aber vielleicht bleibt auch Eines, das was so wenig Menschen kennen: ein großer, nobler Schmerz, der einen gut und herzensweit macht für andere Menschen. Es ist ja wohl so, daß ich im Ganzen mich unangreifbar fühle, nur in meiner Liebe bin ich stets Gefahren ausgesetzt gewesen, umso gefährdeter, je weniger mich sonstige Drangsale meines bewegten Lebens anfechten konnten. Ich werde immer ein Troubadour dieser Liebe bleiben.

Dieses eine Mal war der Übergang, welcher auf eine hochemotionale Passage in Spitzers Brief folgte, eher ernüchternd als grotesk – aber der Kontrast zwischen den romantischen Erinnerungen an seine Geliebte und dem desillusionierten Blick auf seine Frau hätte doch schwerlich unverblümter sein können: »Empi geht es psychisch und körperlich nicht schlecht, nur die Beine beginnen ihr zu versagen, eine leidige Alterserscheinung.« Dieses eine Mal jedenfalls war die Schilderung, die Spitzer von seinen Gefühlen gab, mehr als die schriftliche Performanz eines *virtuoso* – aber noch hier spürt man, daß zu viele Worte zu einfach von der Feder gehen. Seine Traurigkeit, seine Verzweiflung, das Leiden an seinem großen Verlust flossen gewiß in seinen Brief ein, aber es gibt vielleicht einfach zuviele Worte im Bild des verzweifelten Schwimmers und zuviel wortreichen Gleichmut in jenem des Troubadours. Sogar in diesem – wie Spitzer schrieb: dem *einen* – tragischen Moment seines Lebens blieb die Balance zwischen Ereignis und Erlebnis prekär.

Während der nächsten drei Jahre bis zu dem, wie es scheint, letzten Brief Spitzers an Voßler, fuhr er fort, seinen großen

Verlust mit nicht nachlassender Intensität, vielleicht aber doch auch mit wachsender Ernüchterung zu beklagen. Er fühlte sich plötzlich gealtert und darum schrieb er oft die konventionelle Briefformel »Dein alter P.« am Ende seiner Briefe in »Dein alter, sehr gealterter P.« um.[81] Er stellte sich selbst – wie immer mit zu vielen Worten – als jemanden dar, der in seiner existentiellen Berufung gescheitert war; er wirkte resigniert seinem Schicksal gegenüber und ohne jegliche Initiative oder besonderes Interesse an seiner Umgebung:

> Mein tägliches Leben ist nicht schön, die Nachrichten von fern sind auch nicht erfreulich, weder für mich noch für das ferne liebe Wesen. Stahlhart nach außen sein, mit einem warmen Herzen innen, ist mir schwer. Ich glaube, ich habe den übersinnlichen Liebesdrang von der Gottheit in die Brust gepflanzt bekommen, nicht um ihn *für mich* zu befriedigen, sondern um andere Menschen anzuflammen und über sich hinauszuweisen. Es mag das hochmütig klingen, ist aber doch so, ich spüre es. Dabei bin ich furchtbar gealtert, auch körperlich – ich glaube, ich werde nie das ruhige Greisenleben genießen, auf das ich doch schließlich Anrecht hätte.[82]

Rosemarie Burkart heiratete 1941 und kehrte mit ihrem Ehemann, der zur Wehrmacht eingezogen wurde, nach Deutschland zurück.[83] Um 1940 hatte sich Spitzers Schmerz etwas gelegt, und in seinen Briefen trat eine Obsession für das Schwinden von Erinnerungen (die wieder einmal starke literarische Anspielungen enthielt) an die Stelle des Diskurses eines verletzten Liebhabers: »Siehst Du, es ist ein merkwürdiges Phänomen bei der Auswanderung, daß Erinnerungen versteinern – ›colonial petrification‹ wie bei der Sprache, wobei der Ton auf dem Kolonialen liegt. Euer Bild von uns ist viel lebendiger als unseres von Euch, nur das, glaub ich, nicht wegen geringerer eidetischer Begabung unsererseits, sondern einfach durch die Tatsache daß wir *weg* und ihr *dort* seid. [...] Das einst so sehr geliebte Wesen hat sich zu einem Bilde, etwas Laura-artig abstrakt, verflüchtigt, aber die Lebensimpulse, die von ihm ausgingen, wirken irgendwie sättigend noch nach.«[84] Seit 1939, als Spitzer Voßler zum ersten Mal schrieb, daß »die Dinge [am Bosporus sich] von mir weg entwickelt [haben]«[85], kehrte er zu der alten Gewohnheit zurück, seinen älteren Kollegen mit unangeforderten Schilderungen weiblicher Schönheit zu bedenken: »Diesen Sommer wie die früheren verbringen wir am Meer, diesmal in Virginia Beach, einem kleinen Familienbadeort des Südens, wo all die schlanken Kerzenschönheiten in ihren sonnenhaften Badekostümen einem das Herz höher schlagen ließen – wenn nicht so oft die Trivialität der Gesichter das Herz wieder zur Ruhe legte.«[86] Dies war auch die Zeit, als Leo Spitzer Anna Granville Hatcher kennenlernte, mit der er die wichtigen Momente und Errungenschaften seines beruflichen Lebens während der nächsten zwanzig Jahre teilen sollte – und zwar so intensiv, daß sie nach seinem Tod im Jahr 1960 als »the guardian of Spitzer's memory and his tradition in Romance lexicography and philology«[87] anerkannt werden sollte:

> Von engen Freunden, die meine Existenz teilen, ist ein merkwürdiges, 35jähriges Mädchen, Hatcher mit Namen, Tochter eines Pfarrers, der an Barth und seinen Gott glaubt und aus einer Familie von Superintendenten, Schuldirektoren usw., aber aus dem Süden (Virginia & Mississippi) stammend und daher mit dem freundlichen lebenswarmen spielenden Humor, auch dem südlichen Singsang und Lachen begabt, sehr sozusagen einen ›südlichen Protestantismus‹, ein München + Königsberg einem vorspiegelnd. Nimm noch hinzu eine absolut strenge sittliche und wissenschaftliche Weltanschauung, einen praktischen Idea-

lismus, der lieber hungert als von der Austerität abweicht –
und, vor allem, eine angeborene Begabung für Syntax, für
das Logische und das Stilistische daran, [...] Sie hat eine gut
bezahlte Stelle verlassen, um mit mir zu arbeiten.[88]

Ein milder Ton der Dankbarkeit hatte sich über Spitzers
bedingungslose Suche nach Glück und Nähe gelegt. Wenn er
auch in den verbleibenden zwei Jahrzehnten seines Lebens
immer auf die Jahre in Marburg, Köln und Istanbul als eine Zeit
der Erfüllung zurückblickte, so fand er um die Zeit seines
fünfzigsten Geburtstags den Frieden in der Rolle und aus der
Sicht eines alten Mannes:

> Meine seelische Situation, um meinen Bericht damit zu
> beginnen, ist die einer inneren Einsamkeit, um die sich
> dann ein Ring von menschlichen Kontakten legt, und dann
> ganz außen eine Zone, mit der ich im Kampf lebe, wie du
> richtig fühlst. Die innerste Schicht, die der soledad,[89] ist die
> der weichen Wehmut, der samtenen, daher auch sich
> einschmeichelnden, in die ich immer wieder zurücksinke:
> mein Leben war voll, schön, leidenschaftlich, von Leiden
> und Freuden übervoll – und diese Erinnerungen sind
> unmittelbar und mir allein eigen.[90]

Er hatte alle Hoffnung aufgegeben, seine existentiellen Ideale in
der Gegenwart oder Zukunft erfüllt zu sehen. Von seiner neuen
Rolle und seiner neuen Lebensperspektive aus zog der ehemals
leidenschaftliche und nun nostalgische Leo Spitzer die Schlußfolgerung, daß seine Ehe in eine Form des Zusammenlebens
umgewandelt werden könnte, deren wichtigste Voraussetzung
es war, nicht mehr auf Erfüllung oder wenigstens nicht auf eine
vollständige Aussöhnung zu warten:

> Empi ist harmonischer geworden, ihre unbezweifelbare
> Intelligenz blitzt oft hübsch auf, besonders dann wenn sie
> ruhig und sie selbst sein darf – auf der anderen Seite ist die

notwendige Altersentfremdung, das Bewußtsein daß jeder ein getrenntes Leben lebt, ihr auch heilsam.

Wenn 1928 zugleich mit Spitzers Glück auch eine neue Lektüretechnik in sein Leben trat, so war der Brief von 1940 an Voßler, in welchem er über das Ende seiner emotionalen Leiden – und dies bedeutete: über das wahre Ende seiner Liebesbeziehung – erzählte, auch der Brief, in dem er das erste Mal einige positive Aspekte innerhalb der amerikanischen Kultur und zugleich eine zentrale Aufgabe für seine eigene berufliche Zukunft ausmachte. Es mag deshalb nicht nur ein Zufall sein, daß nach siebenundzwanzig Jahren der Korrespondenz dieser Brief vom 10. Dezember 1940 wohl auch sein letzter Brief an Voßler war. Denn Spitzers neues Lebensgefühl des Rückblicks auf sein vergangenes europäisches Leben machte ihn gleichzeitig unabhängiger von der Vergangenheit:

> Es ist ja so daß dieses Land eine begeisterungsfähige, im Ganzen romantische Grundhaltung hat, über die aber die Schulroutiniers ihre Spießbürgerlichkeit und Herzensenge stülpen. Literatur und Kunst findet das Ohr und Herz der Massen, aber die Schulen und Museen tun ihr Bestes, um die Löschhüte des Prosaismus dazwischenzueskamotieren und im Namen einer sog. Wissenschaftlichkeit – auf welches Schlagwort jeder pünktlich hereinfällt – ihre eigene Unentbehrlichkeit als Führer zu beweisen.

Diese Hoffnung auf eine Öffnung der akademischen Diskussion gegenüber ›den Massen‹ war das genaue Gegenteil jener Strategie, welche Spitzer für die öffentliche Selbstdarstellung bei seiner Ankunft in Baltimore vier Jahre zuvor gewählt hatte. In einem am 15. Oktober 1936 erschienenen Interview mit der *Baltimore Sun* war er eifrig darauf bedacht gewesen, für sich selbst das »wissenschaftliche«[91] Bild eines »hervorragenden Philologen« zu beanspruchen, und der Artikel der Tageszeitung aus Baltimore bewies sicherlich, daß es ihm gelang, wenigstens den Journalisten zu beeindrucken, mit dem er sprach:

> This anatomist of words talked of the philologist's profession last night in his apartment at the Altamont Hotel. It is a comparatively young science, dating from the early part of the nineteenth century, when men first learned to read Sanskrit. When the ancient Indian language was revealed, the relationship of all Indo-European languages was seen for the first time [...]. Defining philology [Dr. Spitzer] says: ›It is the science occupied with written and spoken documents of human thought, representing itself in several languages.‹

Spitzers neue Kollegen an der Johns Hopkins University müssen etwas weniger als die *Baltimore Sun* von der – einfach irreführenden – Übersetzung des deutschen Wortes ›Wissenschaft‹ als ›science‹ beeindruckt gewesen sein. Man kann sich aber vorstellen, daß Spitzer bewußt diesen Fehler geschehen ließ, da er die generelle Linie seiner Selbstdarstellung unterstrich. Die Kollegen werden deshalb weniger von dieser strengen Selbst-Präsentation als ›Sprachwissenschaftler‹ beeindruckt gewesen sein, weil im akademischen Alltag viele amerikanische Geisteswissenschaftler um 1940 dem deutschen Stil des 19. Jahrhunderts, nämlich den Beruf mit ›Wissenschaft‹, und ›Wissenschaft‹[92] mit ›Positivismus‹ gleichzusetzen, weitaus konsequenter anhingen als Spitzer selbst – trotz seines Interviews mit der *Baltimore Sun*. Darum muß er auch bald verstanden haben, daß seine beste Chance, eine respektable Stellung in den Vereinigten Staaten einzunehmen, nicht darin bestehen konnte, den positivistischen Stil zu vertreten. Er entschied sich zunächst eher für die Rolle des verkannten Genies. Das erklärt seine unaufhörlichen Beschwerden über intellektuelle Langeweile und Mittelmäßigkeit, die den gleichen Bezugspunkt hatten – d.h. den Positivismus – wie die sanfte Rebellion in den Wiener

Jahren von Spitzers akademischer Jugend: »It needs to be said that the German science of around 1870 has had the most unfortunate influence on this country. For it has led to a canonization of triviality, clumsiness, and narrowness as necessary requirements for scientific work. The old battle against the positivistic spirit, which we thought was behind us in Germany, has now to be fought again.«

Spitzers herablassende Haltung, die weder vollständig ungerechtfertigt noch vollständig frei von persönlicher Unsicherheit war, brachte ihm schmerzvoll zu Bewußtsein, daß die Schwelle zwischen den Manuskripten und ihrer Veröffentlichung in der amerikanischen akademischen Welt viel höher war als in Europa[93] und daß das Aufkommen von ›Schulen‹ unter der Führung charismatischer ›Meister‹ die große Ausnahme in einer Umgebung war, in der die meisten seiner Studenten gar nicht die Absicht hatten, sich auf Sprach- oder Literaturwissenschaft zu spezialisieren.[94] In dieser Lage wandte sich Spitzer an einen der berühmtesten unter seinen geisteswissenschaftlichen Kollegen an der Hopkins University, Arthur Oncken Lovejoy, der 1936 mit der Veröffentlichung seines Buches »The Great Chain of Being«[95] weltberühmt geworden war und der nach seiner Emeritierung 1938 die Zeitschrift *The Journal of the History of Ideas* gegründet hatte:

> Dear Mr. Lovejoy,
> May I talk to you again, ridiculous as it may seem, of my *milieu*, that »pet article« of mine which I should have liked so much to appear in your *Journal*? I still would welcome any minor changes you should propose [...]. But may I ask you in case you can not reach a conclusion in the holidays to send it back to me? Now half a year has passed and if I am to submit the article to another review I must wait another 1–2 years for publication.[96]

Für den ehrgeizigen Spitzer, der zehn Jahre zuvor bereits ein akademischer Star in Europa gewesen war, muß es erniedrigend gewesen sein, einen solchen Brief zu schreiben – umso mehr, als sein Aufsatz über die Geschichte des Begriffs ›milieu‹ schließlich doch nicht in Lovejoys *Journal* erschien.[97] Aber trotz dieser Frustration zeigt Spitzers Initiative, daß er um 1940 entschlossen war, sich den Respekt der amerikanischen akademischen Öffentlichkeit zu verschaffen – unter institutionellen und intellektuellen Voraussetzungen, die sich von denen einer europäischen Universität wohl weitaus stärker unterschieden, als er zunächst erwartet hatte. Seine neue Untersuchung über das deutsche Wort ›Stimmung‹ und seine Entsprechungen in anderen Sprachen, die er bereits in seinem ›milieu‹-Aufsatz erwähnte, und ein Artikel über »Classical and Christian Ideas of World Harmony« bildeten zusammen[98] wichtige Wendepunkte in Spitzers amerikanischer Karriere – und, wie er gesagt haben würde, auch in seinem »Seelenleben«. Der offensichtliche rote Faden war der Stil von Spitzers Lektüre. In der Einleitung zu dem Aufsatz über »Ideas of World Harmony« fand er eine besonders schöne – und hochkomplizierte – Formel für sein mittlerweile charakteristisches Beharren auf der Begegnung mit Texten als ein Erleben derselben: »the most important requirement for historical understanding is the philological re-enactment of such world-embracing concepts, which must be sought out in all the nooks and corners of our languages and our civilization. It is not the fact that a certain concept was paramount in a certain civilization that matters most, but the way in which it was present a various times.«[99]

Was sich dagegen verändert hatte, war Spitzers Einstellung gegenüber seiner eigenen Analyse. Auch wenn beide ›Stimmungs‹-Aufsätze – zumindest für Leo Spitzers Maßstäbe – seltsam sparsam an persönlichen Bemerkungen waren, zeigen sie doch klar, daß es nun primär ein existentielles Interesse war, das seine Forschung und Schriften motivierte – eher als das ästhetische Vergnügen, das seine Lektüren um 1930 bestimmt hatte. Nachdem er den Aufsatz über ›milieu‹ mit der unbewiesenen Behauptung »it is a fact that the German word ›Stimmung‹ as such is untranslatable« begann, umschrieb Spitzer die Bedeutung des Wortes als »the unity of feelings experienced by man face to face with his environment (a landscape, nature, one's fellow man), which would comprehend and weld together the objective (factual) and the subjective (psychological) into one harmonious unity.«[100] Man ist geneigt, die Wahl gerade dieses Themas durch einen österreichisch-jüdischen Emigranten um 1940 mit der Exilsituation und dem Beginn des Zweiten Weltkrieges in Verbindung zu bringen. Aber während es unmöglich (und auch unnötig) ist, eine solche Nähe von Spitzers Interesse zu den zeitgenössischen politischen Ereignissen auszuschließen, so bin ich doch überzeugt, daß seine ursprüngliche Motivation viel spezifischer war. Auch wenn Spitzer dies selbst vielleicht nie vollständig begriffen haben sollte, war doch Harmonie – im Sinne einer Ausgewogenheit zwischen der Umgebung und dem Selbst – die eine existentielle Situation, welche er nie erlangen – und immer ersehnen – sollte. Seine große Gabe war es, auf alle seine unterschiedlichen Milieus entweder übertrieben oder gar nicht zu reagieren – aber diese Reaktionen erschienen immer auf irgendeine Weise ›unangemessen‹, sie waren immer entweder zu laut oder zu leise. In seinem Aufsatz über ›milieu‹ erklärte Spitzer nun, daß der Maßstab seiner neuen Arbeit für ihn tatsächlich die grundlegenden – transhistorischen, wie man vielleicht sagen könnte – Dispositionen der menschlichen Psyche waren und daß diese Belange seinem Individualcharakter sehr nahestünden:

> And indeed the recurrence of [the concept of *milieu*] is due
> to nature, to our human nature: there seems to be at bottom
> an *Urgedanke* emanating from an *Urgefühl*, an *idée-mère* born
> with man – a projection of the feeling of the child within its
> shell, protected as it is in the mother's womb. It was this
> same, healthy sense which made Goethe once defy the
> cosmology of Newton, projecting his feeling of protected-
> ness into the universe itself. Man today is content with a
> more modest receptacle, nor need it be all-protective, so
> long as he can feel to »belong« somewhere in this chaotic
> and complex modern world.[101]

Seine großartige Sammlung von Zitaten und Materialien, das
Ergebnis einer langen – und uncharakteristisch geduldigen –
philologischen Arbeit muß Spitzer die Ahnung einer existentiellen Situation gegeben haben, welche, wie er ausführte,
historisch für immer verloren war. Falls noch ein weiterer Beweis nötig sein sollte, um zu zeigen, daß er eine Welt ersehnte,
welche ihn auf der einen Seite beschützen, auf der anderen
Seite aber auch eine Erweiterung seines eigenen Ichs sein sollte,
so könnte dies die Beschreibung von Spitzers ›höhlenartigem‹
Universitätsbüro sein, die von seinem Freund und Kollegen an
der Hopkins University, dem spanischen Dichter Pedro Salinas,
verfaßt wurde. Denn die Art, in der Spitzer über die Jahre seine
Bücher, Notizen und sogar seine Möbel anordnete, hatte das
Büro in eine Umgebung verwandelt, die wohl genau seinen
innersten Bedürfnissen entsprach: »Vamos viendo cada paso
más claro, en esta media luz. Si se junta lo humoso a lo dorado,
lo cavernario al misterio, la vaguedad a la profundidad, ¿no
será que este 208 es número de catálogo de museo, y que
hemos entrado, por inexplicable equivocación, en un Rem-
brandt?«[102]

   Die grundlegende Idee – oder besser gesagt, das tiefliegende
Verlangen –, welche Spitzers Arbeit über ›Stimmung‹ moti-

vierte, kann gewiß als ›anti-modernistisch‹ klassifiziert werden, wenn auch seine paradoxe – zugleich liebende und ängstliche – Beziehung zur Welt (wie auch sein Vertrauen und sein Gefühl der Inferiorität in der Gesellschaft) sehr wenig mit öffentlichen Ideen und Ideologien wie ›Modernität‹ oder ›Anti-Modernität‹ zu tun haben. Andererseits wäre Spitzer nicht Spitzer gewesen, wenn er nicht einen von deutlich persönlichem Interesse ausgehenden Blickpunkt genutzt hätte (z.b. bei den Ergebnissen seiner Arbeit über ›harmony‹ und ›milieu‹), um auch Ideologiekritik und eher ideologische Solidaritätsbekundungen zu artikulieren. In einem Doppelschluß assoziierte er deshalb den Verlust der archaischen Harmonie, auf welche sich ›Stimmung‹ bezieht, mit dem Geist der Aufklärung, und den Rationalismus der Aufklärung mit jener Art der – abstrakten, systemorientierten, synchronen – Linguistik, die er selbst niemals vertreten hatte. Spitzers Meinung nach war diese Art der Linguistik nie imstande, komplexe historische Netzwerke von Bedeutung, Verhalten und Geschehen offenzulegen, wie er es in seinem eigenen Aufsatz getan hatte:

> [The] possible reasons for the introduction and maintenance of a certain »speech habit« lack interest for this [system-oriented] school, which has enormously exaggerated the pseudomathematical claim of the self-sufficiency of linguistics which was advanced by de Saussure; since, according to this school, there is supposedly no human mind at work in language, and the reaction of man to language is to be compared with mere ›trigger effects‹, any history of language, which can be only a history of the civilized mind as embodying itself in language, collapses.[103]

Während es für Spitzer keineswegs ein Problem war, Saussure und dessen Gedanken diesem für ihn so wichtigen Harmoniekonzept diametral gegenüberzustellen, mußte er eine – nicht sehr überzeugende – Argumentationsführung entwerfen, um Heidegger und dessen Konzept des In-der-Welt-Seins von seiner eigenen Behauptung von ›harmony‹ und ›milieu‹ abzusetzen:

> Heidegger, now a Nazi philosopher, seeks to explain what the well-loved landscape around the Schwarzwald meant to him – this landscape which he refused to give up even for a position at the University of Berlin; it was not something to be ›enjoyed‹ or ›contemplated‹; it was his ›*Arbeitswelt*‹ wherein he must act and work. This Arbeitswelt [...] supplies the missing link between the *Umwelt* »the world about the individual as seen by him«, and the *Lebensraum* »the world in which he (and his people with him) must be enabled to live« – that is, a world which he must expand by means of conquest.[104]

Sowohl die Reduktion von Heideggers Begriff des ›In-der-Welt-Sein‹ zur ›Arbeitswelt‹ und seine Verbindung mit einem imperialistischen Einschlag zur Expansion, wie er mit dem 1926 erschienenen Buch »Volk ohne Raum« des nationalsozialistischen Romanschreibers Hans Grimm (auf den sich Spitzer wohl in dieser Passage bezog)[105] belegt werden sollte, waren ziemlich willkürlich. Allerdings erschien eine andere von Spitzer vorgeschlagene Assoziation relevanter – auch wenn sie vielleicht nicht sorgfältig durchdacht war. In mehreren Abschnitten seines Aufsatzes über Stimmung bestand er darauf, es sei nicht der Protestantismus gewesen, der Europas Glauben an die Harmonie zerstört habe, sondern der aufkommende intellektuelle Stil des Rationalismus: »Thus the death of this concept cannot be attributed to Protestantism as such – as one might be tempted to assume from Novalis' *Christenheit oder Europa* – but only to the destructive process of ›demusicalization‹ and secularization, in the sixteenth and seventeenth centuries.«[106] Es ist nicht schwer, die zugrundeliegende Motivation dieses Arguments zu erraten: indem er der Tendenz, Harmonie und Protestantismus zu trennen, widerstand, behielt sich Spitzer die Möglichkeit vor, die amerikanische Geschichte und die amerikanische Gesellschaft auf der Seite jener Weltsicht zu behalten, die er bevorzugte. Andererseits ersparte ihm seine Fehlinterpretation von Heidegger ein eventuelles Schuldgefühl aufgrund zu großer Nähe.

Was aus Spitzers Aufsätzen über ›Stimmung‹ eine beeindruckende wissenschaftliche Leistung machte, waren aber nicht die – mehr oder weniger – hastig eingebrachten ideologischen und politischen Einschübe, sondern die Breite seiner Dokumentation und wie immer seine erstaunlichen Intuitionen angesichts von Texten aus historisch weit entfernten Zeiten. Obwohl es natürlich unmöglich ist, seinen Durchbruch in der amerikanischen Gelehrtenwelt zur Rolle einer Eminenz genau zu datieren, gibt es doch Hinweise darauf, daß sein Status sich um 1945 bereits entschieden verändert hatte. 1944 publizierte Lovejoy einen Aufsatz in seinem *Journal of the History of Ideas*, in dem Spitzer nicht nur versuchte, eine These des Herausgebers zu widerlegen, welcher eine direkte Filiation zwischen Schlüsselmotiven der deutschen Romantik und der nationalsozialistischen Ideologie annahm; er entwickelte zugleich eine sehr offene – wenn auch respektvoll argumentierende – Kritik an Lovejoys Methode, da diese nicht ausreichend kontextorientiert sei: »Underlying the whole reasoning of Professor Lovejoy's scientific program is the assumption of the possibility of an ›unemotional idea‹: an idea detachable from the soul of the man who begot or received the idea [...]. I should say rather that important ideas are from the start a *passionate* response to problems which agitate their period.«[107]

Spitzer hatte sein Selbstbewußtsein wiedergefunden. In höflichen Briefen tauschten er und Lovejoy mittlerweile

Komplimente und Zitate für ihre jeweiligen Forschungsprojekte aus. Als der Präsident der Johns Hopkins University Spitzer im November 1946 nach Informationen über die »selective effects that altitude may have on groups of people« ersuchte, antwortete er in einem ironischen Ton, wie er bei seinem überaus vorsichtigen Umgang mit der Universitätsverwaltung während seiner frühen Hopkins-Jahre ganz undenkbar gewesen wäre:

> Dear President Bowman:
> I am very much flattered by your kind letter. Unfortunately I do not feel competent in the field – the Romance scholar is want to move among sedentary reaces and not at such altitudes – and I have taken the liberty of forwarding your questions to Prof. Dumont who, I hope, will answer them as soon as possible.
> Yours very sincerely
> Leo Spitzer[108]

Wie er sein akademisches Prestige neu begründete, so fand Leo Spitzer nun auch allmählich Gefallen an zunächst bescheidenen Auftritten in der amerikanischen Öffentlichkeit – außerhalb der akademischen Welt. Es waren dies Auftritte, welche ihm Gelegenheit gaben, sich als einen amerikanischen Modellbürger darzustellen. Im *Baltimore Sun* trat er für die Einbürgerung von sogenannten ›Enemy Aliens‹ ein; er zollte Stalin Anerkennung für dessen damals vielbeachtete Intervention in der sowjetischen Debatte über Materialismus in der Sprachwissenschaft; und er kritisierte General Eisenhowers Präsidentschaftskampagne.[109] Nach vierzehn Jahren in den Vereinigten Staaten hatte Spitzer den Status einer Lokalberühmtheit erlangt. Die Tageszeitung von Baltimore berichtete stolz über eine Debatte, die er 1950 beim Kongreß der Modern Language Association in New York angeregt hatte mit seinem Vorschlag, »eine gelehrte ›Elite‹ von hervorragenden jungen Doktoranden« zu schaffen, »welche eine bescheidene finanzielle Unterstützung erhalten sowie mit kleinen Aufgaben in der Lehre und Verwaltungsarbeit betraut werden sollten«.[110] Am 15. März 1957, als Spitzer bereits Emeritus war, wurde eine programmatische Rede über »The Origin of the Idea of the American University« ausführlich exzerpiert, welche er zur Eröffnung des Treffens der »American Society of University Professors« in Baltimore hielt.

Ein Aspekt von Spitzers Rolle als amerikanischer Modellbürger und Professor bildete seine nun wachsende Beschäftigung mit englischer und amerikanischer Kultur. Auf diesem Weg kehrte er von der historisch orientierten Forschung der Mittvierziger zurück zu einer Lektüretechnik mit vorrangig ästhetischem Interesse. Spitzer war großzügig mit Urteilen, die dem Nationalstolz seiner amerikanischen Leser schmeicheln mußten. Die Gattung der Ode, so behauptete er, sei über Paul Claudels Rezeption von Walt Whitmans Dichtung in die französische Literatur gelangt;[111] er verglich Hemingway mit Ovid und stellte ihn über Tennyson und Quevedo.[112] 1949 veröffentlichte Spitzer seinen heute immer noch berühmten Aufsatz über »American Advertising Explained as Popular Art«[113] mit der so oft zitierten Analyse eines ›Sunkist-Orangen‹-Plakates. Was diesen Text für uns interessant macht, ist nicht sein unbestrittener Avantgardestatus innerhalb der Geschichte der Literaturwissenschaft – und schon gar nicht Spitzers Analyse an sich (die genauso willkürlich und damit auch so trivial wie jede andere Interpretation solcher Produkte war, die auf den Vergleich mit kanonisierter Kunst und Literatur abzielt). Viel bewundernswerter – zumindest: sehr viel überraschender – als seine Zitate der großen Klassiker war seine genaue Kenntnis amerikanischer Werbeprodukte und amerikanischer Alltagskultur. Das freudige Zurschaustellen dieses Wissens gipfelte

dann in einem Plädoyer für die potentiell ästhetische Qualität
der Werbung:

> [The] advertiser does not ask that his words be taken
> completely at face value, and he must not be held to literal
> account for the truth of every syllable. Thus the poetry of
> advertisement can be truly enjoyed because it makes none
> of the solemn claims of literary poetry. It is precisely
> because Americans know reality so well, because they ask to
> face it, and do not like to be hoodwinked, because they are
> not easily made victims of metaphysical world-clouds as are
> the Germans, or of word-fulgurations, as are the French,
> that they can indulge in the *acte gratuit* of the human word
> in the poetical nowhereness.[114]

Als eine neue Autorität in der amerikanischen Universitätswelt
wurde Leo Spitzer nun immer häufiger gebeten, die Prinzipien
seiner Arbeit als Literatur-Interpret zu erklären, und er entsprach diesen Bitten, indem er ein Repertoire von Ideen und
Konzepten ansammelte, das er mit beinahe endlosen Variationen in den Vorträgen und Artikeln seiner letzten zehn Lebensjahre präsentierte. Während ich glaube, daß seine Unterscheidung zwischen dem ›hermeneutischem Zirkel‹ und dem
›philologischen Zirkel‹ – und all die anderen Anmerkungen, die
er zu der ›Methode‹ seiner Arbeit machte – in der heutigen
Situation der Literaturwissenschaft kaum von Nutzen sind,
bietet der Aufsatz über »Linguistics and Literary History« zwei
wichtige Einblicke, die sich auf Spitzers Biographie beziehen.
Zunächst einmal betrifft dies sein Argument, die antisemitischen
Pamphlete Louis-Ferdinand Célines seien reine Wortspiele in
der Tradition von Rabelais und sollten daher von einem
politischen Standpunkt aus nicht ernstgenommen werden – was
erneut Spitzers Entschlossenheit dokumentierte, eine fast
vergebende Haltung gegenüber dem europäischem Faschismus

und Antisemitismus einzunehmen.[115] Aber auch Spitzers Lieblingsmotiv bei der Beschreibung seines Lektürestils tauchte erneut auf – was zeigt, daß sich sein selbstreferentieller Blickpunkt seit 1930 kaum geändert hatte:

> I chose to relate to you my own experience also because the basic approach of the individual scholar, conditioned as it is by his first experiences, by his *Erlebnis*, as the Germans say, determined his method: *Methode ist Erlebnis*, Friedrich Gundolf has said. In fact, I would advise every older scholar to tell his public the basic experiences underlying his methods, his *Mein Kampf*, as it were – without dictatorial connotation of course.[116]

Die Anspielung auf Adolf Hitlers Buch mag bestätigen, was Auerbach und Voßler über Spitzers Geschmack dachten – sie macht aber auch deutlich, daß Spitzer 1948 noch immer nicht begonnen hatte, ernsthaft über die Schrecken des Dritten Reiches nachzudenken. Die Wiederaufbereitung von Gundolfs Motiv als Freibrief für mehr oder weniger schrankenlose autobiographische Exkurse zeigt aber vor allem, daß Spitzer sich innerhalb seines Berufes nun wieder sicher fühlte – und daß er dennoch kaum Fortschritte im Verständnis seiner eigenen Arbeit gemacht hatte.

Drei Jahre vor seiner Emeritierung am Ende des akademischen Jahres 1954/55 veröffentlichte das *Johns Hopkins Magazine* ein ausführliches Interview mit Leo Spitzer, welches ihm die stets willkommene Gelegenheit bot, in Erinnerungen an die eigene Größe zu schwelgen.[117] Die fünf Fotografien sowie der Text der Unterhaltung zeigen einen Interviewpartner, der sich sichtlich wohl fühlt. Spitzer trug eine offensichtlich farbenfrohe Krawatte mit lebhaftem Design und ein Jacket nach der aktuellen Mode der fünfziger Jahre. Er setzte effektvoll seine Zigaretten und sein Feuerzeug ein, um beeindruckend ausschweifende Gesten zu produzieren – und man ist geneigt zu denken, dies seien eher Bilder eines alternden Broadway Impresarios als Fotografien eines verehrten Professors an einer prestigebeladenen Ostküstenuniversität. Spitzers Antworten auf die in erster Linie biographischen Fragen geben uns einen Hinweis darauf, wie hyperbolisch er sein Leben gerne gehabt hätte – und sie beweisen darüber hinaus, daß er wieder einmal, ähnlich wie bei einigen Anlässen während seiner Marburger und Kölner Jahre, alle Zurückhaltung bei der Art und Weise seiner Selbstdarstellung aufgegeben hatte. Nachdem er sowohl den ›abstrusen‹ Charakter seines Forschungsgebiets hervorgekehrt hatte als auch dessen Anspruch, genauso praktisch relevant zu sein wie die Naturwissenschaften, bot er vielfältige Anekdoten und Details dar, die auf den Geschmack einer studentischen Leserschaft abzielten. Erheblicher Raum wurde seiner jüdischen Erziehung eingeräumt, ebenso seiner Tätigkeit als Übersetzer im österreichischen Geheimdienst während des Ersten Weltkrieges und schließlich auch seiner ›Methode‹, welche er unter Aufbietung der konventionellsten aller verfügbaren Metaphern mit ›Detektivarbeit‹ verglich. Spitzer behauptete, zweiundzwanzig Sprachen fließend zu beherrschen (ohne dabei zwischen lebenden Sprachen und historischen Sprachstufen wie Gotisch oder Altkirchenslawisch zu unterscheiden), er zitierte Schuchardt, »den berühmten europäischen Gelehrten« (den niemand in den Vereinigten Staaten kannte), von dem überliefert sei, er habe dreißig Jahre zuvor gesagt, daß »er nie von jemandem so beeinflußt worden war wie von dem vierzig Jahre jüngeren Spitzer«; er erwähnte »die Millionen«, die er von seinem Vater geerbt habe, um sie während der Inflation der frühen zwanziger Jahre zu verlieren, und das »sensationelle Gehalt«, das er in Köln um 1930 erhalten hatte. Die Erinnerungen an Istanbul wurden in Szenen im Stil von 1001 Nacht verwandelt:

> The Faculty of Letters was housed in an old palace which
> had once belonged to an Egyptian princess. The rooms
> were huge and magnificent, though the plaster was likely to
> fall on our heads. I opened my office with a golden key. It
> was a room the size of a ballroom from which one could
> look down to the blue sea of Marmara. At every door there
> stood beadles ready to take orders. But, unfortunately, there
> were almost no books. I finally asked the dean about this
> shortage and he replied simply: ›We don't bother with
> books. They burn.‹

Auch wenn kein Rollenfach Spitzer vollständig fremd war, so
fand er doch sichtlich größeren Gefallen am Stil des orienta-
lischen Paschas, des intellektuellen Stars oder des Millionärs-
sohns als an Rollen, die irgendwelche Aspekte eines Opfer-
Daseins oder großer Anstrengung beinhalteten. Sein Interview
mit dem *Hopkins Magazine* endete folgerichtig mit einer
Anekdote, zu deren heutigem Bekanntheitsgrad Spitzer selbst
bereits entscheidend beigetragen hat:[118] »One of his admirers
tells of once entering the office and asking, ›How are you, sir?
Working as always?‹ Dr. Spitzer turned quickly to answer,
›Working? Not at all. Enjoying myself as always.‹«
    Was immer er tat, Leo Spitzer wollte, daß es schwerelos
wirkte und er lehnte es daher ab, wenn Kollegen und Studenten öffentlich erklärten, in seiner Schuld zu stehen, während er
selbst oft sehr schnell dabei war, Dankespflichten gegenüber
Autoritäten und Freunden anzuerkennen, deren Engagement zu
seinen Gunsten gar nicht ohne weiteres ersichtlich war. Spitzers
Ehrgeiz, großzügig, nicht nachtragend und unangestrengt zu
wirken (ein Ehrgeiz, der natürlich viel damit zu tun hatte, daß
er sich immer anstrengen mußte und anfällig für persönlichen
Groll war), scheint ein wichtiger Grund dafür gewesen zu sein,
daß er seit den ersten Monaten nach Januar 1933 nicht beunru-
higt erscheinen wollte. Ungefähr zehn Jahre später schrieb er

einen wissenschaftlichen Aufsatz über den Begriff ›race‹, in dem sein hauptsächliches Interesse darin bestand zu beweisen, daß sich dieses Wort vom lateinischen ›ratio‹ ableite.[119] Eine Zeit lang wollte Spitzer auch seine Leser davon überzeugen, daß das Leben in einer Umgebung, die nicht die ›muttersprachliche‹ war, ein intellektuelles Privileg sei, das zu einer »übernational-sprachliche[n] Feinheit«[120] des Ausdrucks führe. Während er in dem kurzen Text über »Erlebnisse mit der Adoptiv-Mutter-sprache« einige oft zitierte Ideen Goethes über die Aufgabe von Deutschen in der Emigration anführte, um seinen Argumenten Gewicht zu verleihen, entfaltete sein Aufsatz über »Philologie und Nationalismus«, den er zum ersten Mal in dem ersten Band der Nachkriegszeitschrift *Die Wandlung*[121] veröffentlichte, eine viel komplexere Argumentation, welche die Oszillation zwi-schen dem Eintauchen in eine fremde Kultur und der Be-hauptung der eigenen Kultur als spezifisch deutsches Talent beschreibt – für welches ehemalige deutsche Professoren, die nun außerdeutsche Literatur, Sprache und Kulturen im Ausland lehrten, den beeindruckendsten Beweis erbrächten.[122]

Zugleich (und etwas überraschend angesichts seiner Aus-führungen über das spezifische intellektuelle Talent der Deut-schen) schloß Spitzer diesen Essay mit einer Einladung an die jungen Deutschen, von Amerika zu lernen:

> Ich fühle hier, daß in der Ablehnung charakterlicher Vielbödigkeit, im ernsten Willen, den moralischen Relati-vismus zu überwinden, die jungen Deutschen nach der Katastrophe von dem »unphilologischen« Volk der Ameri-kaner viel lernen können: diesen ist moralische Festigkeit und intellektuelle Redlichkeit lebensnotwendig. Der Unterschied zwischen Geglaubtem und Nicht-Geglaubtem wird ernst genommen. […] Ich glaube, für die in die Vereinigten Staaten eingewanderten deutschen Gelehrten zu sprechen, wenn ich behaupte, daß wir alle, ohne die

deutsche geistesgeschichtlich-philosophische Schulung zu verleugnen, hier gelernt haben, unsere Behauptungen fester zu untermauern und durch Kritik zu unterkellern.[123]

Der Erscheinungstag der siebten Ausgabe von *Die Wandlung*, in der Spitzers Artikel publiziert wurde, war der 12. Juli 1946 – und das Motiv von der größeren Selbst-Verpflichtung der Amerikaner gegenüber der Faktizität war bereits in einem Brief aufgetaucht, den Spitzer wenige Wochen früher geschrieben hatte, nämlich am 5. Mai 1946. Es ist sicher ein Ruhmesblatt in der Geschichte der Universität Köln, daß Spitzer schon am 15. März 1946 zu einem der wenigen emigrierten Professoren wurde, die eine zugleich demütige und drängende Einladung eines deutschen Dekans erhielten, wieder ihre frühere Stelle einzunehmen.[124] In seiner höflichen Antwort erwähnte Spitzer – als seinen allerersten Grund, in den Vereinigten Staaten zu bleiben – den »Kampf gegen den wissenschaftlichen Positivismus, der in Deutschland seit dem ersten Weltkrieg ausgekämpft ist, aber hier zähere Lebenskraft entfaltet als in irgend einem Lande«. Nachdem er hinzufügte, dies sei »ein Weiterkämpfen für wissenschaftliche Gedanken […], die ich Deutschland verdanke«, stellte Spitzer eben den intellektuellen Unterschied zwischen den Vereinigten Staaten und Deutschland, d.h. die Faktizitäts-Sehnsucht der Amerikaner, welche er in seinem Essay für *Die Wandlung* als eine Stärke gelobt hatte, nun als eine amerikanische Schwäche dar. Weitere Gründe, mit denen er – stets freundlich – seine Weigerung erklärte, nach Deutschland zurückzukehren, waren seine Dankbarkeit gegenüber den Vereinigten Staaten (er wolle nicht, daß seine amerikanischen Kollegen dächten, »daß Emigranten nur ›faute de mieux‹ Professuren angenommen hatten«) und sein Eindruck, daß »[die Emigranten] den Verschütteten keine überzeugende Kunde bringen [können], weil wir nicht *mit verschüttet* waren:

unsere Lehre würde kalt-intellektuell, nicht warm-mitleidend klingen.«

Trotz seines Eifers, zu zeigen, daß er von der Nazivergangenheit nicht traumatisiert sei, markierte diese Episode eine Grenze. Denn sie zeigte, daß Spitzers Wille, nicht verbittert zu erscheinen nicht synonym mit dem Wunsch war, nach Deutschland zurückzukehren – und einer der vielen Gründe, die ihn bewogen, in den Vereinigten Staaten zu bleiben, mag darin gelegen haben, daß der Emigrantenstatus es ihm erlaubte, eine Rolle moralischer und akademischer Überlegenheit gegenüber seinen deutschen Kollegen zu spielen. Mit ihnen hart umzugehen war allerdings ein Vergnügen, das sich Spitzer für wenige private Briefe vorbehielt. Dies belegt nicht so sehr außerordentliches Taktgefühl, sondern läßt Zweifel daran aufkommen, ob Spitzer eine so große ›Kämpfernatur‹ war, wie er es sich gerne zuschrieb.[125] Eher war er von eben dem Ressentiment besessen, das er öffentlich zu verbergen suchte – und das in bezug auf den deutschen Staat und die deutsche akademische Institution gewiß eine ganz natürliche und berechtigte Reaktion eines Mannes mit seinem Schicksal war. Dennoch kritisierte Spitzer nur jene Kollegen öffentlich, von denen er entweder hoffen konnte, ihnen nie persönlich zu begegnen (z.B. die Autoren vieler Bücher, die er rezensierte) oder bei denen er Grund hatte anzunehmen, daß sie ruhig bleiben mußten (vor allem bei Kollegen, welche eine problematische politische Vergangenheit hatten).

Auf der anderen Seite gingen dem Ende der so herzlichen Korrespondenz mit Voßler unschöne Töne eines Streits über unterschiedliche Ansichten zu La Fontaine voraus: »Glaubst Du ferner,« schrieb Spitzer am 20. August 1938, »daß ich mit 30 Jahren die Autorität meines Lehrers Meyer-Lübke von mir abgeschüttelt habe, um mich 20 Jahre später einer neuen

Freundes-Autorität zu beugen? Mit den Jahren werden die Altersdifferenzen eingeebnet, scheint mir.« In seinen Briefen an andere Kollegen deutete Spitzer an, daß der wahre Grund für seine Entfremdung von Voßler darin lag, was er als Mangel an Klarheit in Voßlers politischem Verhalten empfand, besonders in Voßlers Annahme eines Ehrendoktorats der Universität Madrid nach dem Ende des Spanischen Bürgerkrieges.[126] Öffentlich schlug sich das Ende der Freundschaft mit Voßler nur in einer schwachen Reaktion im ersten *Wandlungs*-Essay nieder: »Als *Karl Voßler* in einer Madrider Dankrede anläßlich der Verleihung des Ehrendoktorats darlegte, daß die Abneigung gegen Materialismus und Positivismus die Wurzel seiner spanischen Studien gewesen sei, schrieb die Londoner ›Zeitung‹, Antimaterialismus und Antipositivismus seien auch die Schlagwörter der Nazis.« Der einzige deutsche Romanist, der — wenigstens zeitweise — direkt zur Zielscheibe von Spitzers privaten Aggressionen wurde (und jener deutsche Romanist, der dies in bezug auf Spitzer auch vor allem verdiente) war Hugo Friedrich. Wie wir gesehen haben, gab es eine unschöne Vorgeschichte ihres Verhältnisses aus den Kölner Jahren, und Spitzer bezog sich in einem Brief an Werner Krauss vom 19. Juli 1946 mit harschen Worten auf Friedrich (ohne wohl tatsächlich zu wissen, daß Friedrich die nationalsozialistische Studentenaktion gegen ihn unterstützt hatte): »Ihr Bild der Romanistischen Situation ist nicht ermutigend (*Gmelin, Friedrich,* lauter Konjunkturnazis! — und dieser Friedrich, der Reklamemacher, dem ich schon, als er sich zur Hab[ilitation] in Cöln meldete, nicht recht traute — was ich über seine Dantistik las, scheint mir nichts als eine Banalität, aufgebauscht).«[127] Erstaunlicherweise war es Hugo Friedrich, der mit einem Brief vom 15. Oktober 1946 die Initiative ergriff, den Kontakt zu Spitzer nach mehr als dreizehn Jahren wiederherzustellen. Weniger erstaunlich ist freilich, daß Friedrichs Prämisse dabei die unverblümte Behauptung war, das deutsche intellektuelle und akademische Leben sei von den zwölf Jahren Naziherrschaft unberührt geblieben. Dies erlaubte Spitzer, in seiner Antwort einen aggressiven Ton hinsichtlich der unmittelbaren deutschen Vergangenheit anzuschlagen, wie er in seinen öffentlichen Verlautbarungen nie spürbar war:

> Wie aber können Sie unangetastet Dante studieren? Und wenn sie »eine pompöse Einladung zum Orts- und Universitätswechsel« 1942 erhielten, so müssen Sie doch […] den Baaldienern genehm gewesen sein. Wie haben Sie das bewerkstelligt?
>
> Ich weiß auch nicht ob Sie sich nicht einer Illusion hingeben, wenn Sie glauben, die Universitätslehrer seien »an der Wurzel« nicht getroffen. Daß wissenschaftlicher Geist weiterlebt, ist wohl sicher. Aber daß die deutschen Universitätsprofessoren von 1946 ebensogut dieser Jugend demokratisch-christliche Ideale predigen können wie sie 1942 das Gegenteil mußten und daß die Jugend *beides* ex cathedra *gerne* hinnimmt, ist doch beunruhigend.
>
> Kurz, ich sehe nicht, daß in Ihnen allen das Gefühl rege ist, daß die Nazis nicht bloß eine unglückliche Episode sind, sondern eine nunmehr chronische Krankheit, die auch die Gesündesten angegänzt [sic] hat, und daß man nicht einfach darüber zur Tagesordnung übergehen kann. Ich weiß wohl, daß wir Auswanderer kein Recht haben, individuelle Beichten von den Zurückgebliebenen zu verlangen, aber einen Hauch von *contritio* würden wir gerne in ihren Briefen atmen wollen.

Fast als ob er zu weit gegangen sei und nun nach einem Thema suchte, über das sich leichter schreiben ließ, erwähnte Spitzer im weiteren Verlauf seines Briefes jene Veröffentlichungen Friedrichs über Dante, die er als »eine Banalität, aufgebauscht« in seinem Brief an Krauss abgeurteilt hatte. Auch wenn er zugab, sie noch nicht gelesen zu haben, erklärte Spitzer, daß »ihre Tendenz, wie sie mir aus Spoerri entgegengetreten ist, [...] mir aus der Seele gesprochen [ist]«.

Am Ende dieses Briefes, den Spitzer nach Freiburg gesandt hatte, finden sich als handschriftlicher Vermerk zwei Worte, die höchstwahrscheinlich von Hugo Friedrich stammen: »nicht beantworten«.[128] Das chronologisch nächste Dokument in dieser Korrespondenz ist ein Brief Spitzers an Friedrich vom 3. November 1949. Spitzer dankt für die kürzlich eingegangenen Komplimente zu einigen seiner eigenen Veröffentlichungen und drückt seine Zustimmung zu Friedrichs negativem Urteil über Ernst Robert Curtius' *opus magnum* »Europäische Literatur und Lateinisches Mittelalter« aus, das 1948 erschienen war. Während der nächsten zehn Jahre erhielt Spitzer von Hugo Friedrich vielfältige Vortragseinladungen an die Universität Freiburg, und des weiteren mehrere Angebote, seine Aufsätze in Deutschland zu veröffentlichen oder sie ins Deutsche übersetzen zu lassen; und schließlich gibt es einen stetigen Fluß wechselseitiger Komplimente, deren Ton zwischen ›rührend‹ und ›peinlich‹ schwankte. Aber Spitzer war nicht leicht in Verlegenheit zu bringen – und nie zu weit entfernt von peinlichen Gesten. In einem langen maschinengeschriebenen Brief an Spitzer vom 9. November 1959 verwendete auch Friedrich überschwenglichere Dankesworte als je zuvor – diesmal anläßlich der Veröffentlichung der »Romanischen Literaturstudien 1936–1956« beim Max Niemeyer Verlag/Tübingen, einer mehr als neunhundert Seiten schweren Aufsatzsammlung aus Spitzers türkischen und amerikanischen Jahren, die Friedrich lanciert und für welche er einen Druckkostenzuschuß von der Deutschen Forschungsgemeinschaft erhalten hatte. Spitzer, der in seinen ›Stimmungs‹-Aufsätzen Mitte der vierziger Jahre eine generell kritische Haltung gegenüber dem intellektuellen

Erbe der Aufklärung eingenommen hatte, schrieb nun ein kurzes Vorwort zu seinen Literaturstudien, welches um das Lob der aufklärerischen Lichtmetapher kreiste.[129] Dies ausgerechnet war der Grund für Friedrichs Ergriffenheit:

> Es ist wirklich Licht, was von diesem Werk ausgeht und was als Licht der Erkenntnis auf die unendlichen Landschaften der Phantasie wie der Sprache fällt, die Sie durchwandern. Wie sehr mich Ihr Bekenntnis zum Licht – am Schluß des Vorworts – bewegt, bedarf keiner Erklärung, in den bescheidenen Verhältnissen meines Wissens und Könnens bin auch ich zum fast missionarischen Freund des Lichtes und der klaren Form geworden.

So wurde unter dem Emblem der Aufklärung Leo Spitzers und Hugo Friedrichs spannungsreiche Beziehung zu einem Paradigma kollegialer Freundschaft. Mit sicherem Instinkt hatte Friedrich die Bedingungen dieses Happy-Ends eingefädelt – und es war wieder einmal nicht ganz klar, welche Rolle genau Leo Spitzer dabei spielte. Aber er spielte weiter mit.

Das Vermächtnis

Der Text jener Vorlesung, welche Spitzer im Mai 1960 an der Universität Rom hielt, und die zuerst unter dem Titel »Sviluppo di un Metodo« veröffentlicht wurde, gilt allgemein als sein ›Vermächtnis‹ an die Literaturwissenschaft.[130] Da dieser Aufsatz in der Tat die am besten ausgearbeitetste Beschreibung von Spitzers Ansichten zur Textanalyse enthält, ist es eigentlich erstaunlich, daß seine Kanonisierung niemals Spitzers Ruhm als Groß-Meister der Stilanalyse in Frage gestellt hat.[131] Nachdem er mit dem inzwischen fast automatisierten Bezug auf Gundolfs

Motiv der »Methode als Erleben« begann, den Spitzer auch in dem 1948 erschienenen Essay »Linguistics and Literary History« anführte, um den autobiographischen Ton seines Textes zu rechtfertigen,[132] schloß er mit einer außergewöhnlich luziden Selbsteinschätzung: »Vorrei anche esprimere una certa riserva verso l'espressione ›critica stilistica‹ con cui viene definito [...] il mio genere di critica; [...] non credo che la critica estetica possa esaurirsi nella considerazione dello stile; [...] Se è una buona ginnastica per la lettura estetica, la stilistica può essere solo una delle ancelle della percezione artistica.«[133] Obwohl er die vorrangig historische Ausrichtung seiner Forschung während der Jahre der ›Stimmungs‹-Essays aufgegeben hatte, ging Spitzers erneuerte Begeisterung für Ästhetik einher mit einem Wechsel von der hermeneutischen Topologie, ›etwas unter‹ oder ›hinter‹ der Text›oberfläche‹ zu finden, zu einem Interesse an der Präsenz des Textes: »Il critico che si volge da un *che* creativo misterioso intuito da lui nel poeta all'*hic et nunc* dell'opera oggettiva, diventa egli stesso più razionale.«[134]

Was all dies für Spitzers Arbeit mit Texten bedeutete, und was es − sozusagen − in actu bedeutete, wird durch die Mitschrift jener Vorlesungen klar, die er unter dem Titel »Interpretationen zur Geschichte der französischen Lyrik« als Gastprofessor an der Universität Heidelberg im Sommersemester 1958 hielt.[135] Dem Gast von der Johns Hopkins University wurde als Akt der Ehrerbietung und wegen seines großen Publikums die unvergleichlich schöne Alte Aula zugeteilt; er genoß es, sich als einen Gelehrten feiern zu lassen, welcher den »Höhepunkt seines weltweiten Ansehens« erreicht hatte;[136] und in der Tat bewunderten seine Kollegen Spitzer, und seine Studenten schwärmten für ihn.[137] Dies waren Voraussetzungen, unter denen er sich weder an ein akademisches Protokoll noch an irgendeine andere Konvention gebunden fühlte,[138] Voraussetzungen also, unter denen er darauf vertrauen konnte, sich durch den Stil der Texte inspirieren zu lassen, die er behandelte. Die Vorlesung begann mit einer unmißverständlichen Programm-Erklärung, in der die Herstellung eines »unmittelbaren Kontakt[s] mit den Texten« – d.h. das ›Erleben‹ von Texten, ihr »*hic et nunc*«, wie Spitzer es zwei Jahre später in seinem Aufsatz über den »Sviluppo di un Metodo« ausdrücken sollte – ausdrücklich als jenes Ziel vorgestellt wurde, welches die Interpretation als einen Akt von Bedeutungs-Identifikation ersetzen sollte:

> […] in der ›explication de textes‹ hingegen haben wir einen Zusammenhang, einen unmittelbaren Kontakt mit den Texten. Selbst wenn die Erklärung *gar nichts* wert sein sollte: dieser Kontakt, dieses Verweilen bei den Texten, auch wenn es nur eine Stunde dauert, ist von Vorteil.[139]

Nachdem er von all dem Abstand genommen hatte, was er die deutsche »Gefahr einer ›Philosophierung‹ der Dichtung« nannte, ließ Spitzer keinen Zweifel daran, daß andererseits das, was diese Erfahrung von Unmittelbarkeit – dieses Erleben – hervorrief, allein »die schönen Formen« der Sprache waren. Sie waren ein Ziel, welches mit seinen Studenten zu verfolgen sich lohnte:

> Gerade der Romanist sollte aber viel mehr die schönen Formen sehen, weil ja so viele schöne Formen in der Romania entstanden sind. Er beginnt damit seine ästhetische Erziehung, die Handhabung schöner Formen vom Dichter zu lernen, nicht, um vielleicht selbst Poesie zu machen – was niemand verboten ist! – sondern rein zur Erweiterung des Gesichtskreises, zur Kultur des Fingerspitzengefühls für das, was Dichtung ist.[140]

Mit seinem unvergleichlichen Gespür für theatralische Gesten schritt Spitzer nach diesen Worten von der hohen Kanzel in der

Alten Aula zu einem Tisch, der direkt vor seinen Studenten stand, und begann die Präsentation des ersten zu besprechenden Textes (es war das Sonett *Sur la Mort de Marie* aus dem zweiten Teil von Pierre Ronsards *Second Livre des Amours*) mit einer lebhaften Rezitation der originalen französischen Version. Die darauffolgende *explication* gipfelte in einem Moment, wo das Erleben der Textform tatsächlich ein Ereignis herzustellen schien, oder, wie Spitzer ausführte, die erneute Präsenz eines Aktes herbeiführte, welcher in der Vergangenheit verschüttet lag – wenn er denn je eine reale Präsenz in der Vergangenheit gehabt haben sollte. Aber vielleicht ging es bei diesen Momenten in der Alten Aula von Heidelberg ja ohnehin mehr darum, eine Gegenwart herzustellen, als darum, eine Gegenwart der Vergangenheit zu beschwören:

> Aber nun kommt etwas Interessantes. Hier ist am Ende eine rituelle Handlung geschildert, »obsèques« genannt, und diese Handlung fällt mit dem Moment des Rezitierens des Gedichtes zusammen; es ist nicht so, daß wir etwas lesen, was einst vorging, sondern es geht etwas *vor uns* vor. Die Worte des Dichters deuten die Zeremonie als jetzt-vor-uns-vor-sichgehend. Das ist sicher sehr geschickt. Eine Ritualhandlung, an der wir unbeteiligt sind, zieht uns an oder hinein in sich, wenn wir deren Entwicklung sehen. Warum sage ich, daß sie jetzt vor uns vor sich geht? Nun, aus einem einfachen Grunde: »*ce* vase«, »*ce* panier« ... Das ist gewissermaßen eine Talentprobe für Sie, junge Romanisten. Wenn Sie das merken, dann wissen Sie, was Dichtung ist. »*Ce* vase«, »*ce* panier« – d.h., mit dem Demonstrativum wird etwas vor unseren Augen geschaffen; wir haben zwar von »obsèques« gehört, wir haben nichts von »vase« und »panier« gehört, aber sie werden erschaffen vor uns. Damit ist die Ritualhandlung zeitgleich mit dem Lesen des Gedichtes.[141]

Der erste Eindruck ist in der Tat, daß Spitzer durch die Begegnung mit den Sprachformen für seine Studenten ein

Ereignis gegenwärtig machte, das (vielleicht) in der Vergangenheit stattgefunden hatte – und das galt auch für die in der Vergangenheit (vielleicht) anwesenden Objekte. Sprache war nicht mehr Repräsentation, sie stand nicht mehr für etwas, das abwesend war. Sprache schien das Medium eines magischen Aktes zu werden, da sie etwas Abwesendes in räumliche, greifbare Präsenz brachte. Was aber unter dieser Illusion einer erneuerten räumlichen Präsenz eines vergangenen Ereignisses geschah, war das gegenwärtige Ereignis von Spitzers Erleben der Textformen.[142] Dennoch reicht es nicht aus zu sagen, wie es Spitzer selbst 1929 in seiner Einleitung zu »Meisterwerke der romanischen Sprachwissenschaft« getan hatte und wieder in der 1958 stattfindenden Vorlesung tat, daß alles, was hier auf dem Spiel stand, nur der »warme Kontakt eines Älteren mit jüngeren Menschen«[143] sei. Denn nur der Wunsch, das Abwesende gegenwärtig zu machen, vergangene Momente in eine Gegenwart zu holen, zu der sie nicht gehörten, verlieh der Begegnung des alten österreichisch-jüdischen Professors aus Baltimore mit seinen jungen deutschen Studenten eine spezifische Komplexität, Spannung und Intensität. Solche komplexen Ereignisse schienen den Effekt zu haben, die »forze percettive« Spitzers und seiner Studenten zu mobilisieren,[144] und wenn zumindest einige von Spitzers Aufsätzen über Literatur ähnliche Reaktionen bei heutigen Lesern hervorrufen, so kann dies eine Erklärung dafür sein, warum seine Arbeit uns immer noch fasziniert – auch wenn wir wissen, daß es nichts gibt, das wir aus ihr direkt für unsere aktuellen »wissenschaftlichen« Debatten lernen können. Das Geheimnis von Spitzers bleibender – oder sollte ich sagen: hartnäckiger? – Präsenz liegt in dem, was von der Präsenz seiner Performanz geblieben ist. Jean Starobinski hat brilliant beschrieben, wie das Verlangen nach Nähe und Präsenz Spitzers Arbeit mit literarischen Texten durchdringt:

Spitzer, dans sa dernière manière, préfère une critique apparemment isolante, qui s'attache étroitement à son objet et l'interroge tel qu'il est: ainsi garde-t-il l'assurance d'une rencontre et d'un dialogue intime avec un être de langage, à la fois proche et protégé par son insaisissable altérité. Le goût de la proximité, de la présence presque physiquement ressentie, engage le stylisticien à garder un contact permanent avec le système des relations verbales observables dans l'œuvre même.[145]

Wenn ich mit einem Detail in Starobinskis Analyse nicht einverstanden bin, dann ist es die These, daß es eine Tendenz gibt »à garder un contact permanent avec le système des relations verbales observables dans l'œuvre même«, welche er aus Spitzers »goût de la présence presque physiquement ressentie« erschließen will. Denn ich begreife Spitzers Bestehen auf das *hic et nunc* des Textes (anstatt eines *che*, das unter oder hinter der Textoberfläche zu finden sei) und auf die Wichtigkeit der Begegnung mit dem Text (»selbst wenn die Erklärung *gar nichts* wert sein sollte«) als Zeichen einer Distanz, die er zu der referentiellen Funktion von Sprache einnahm – eine Distanz, die wahrscheinlich mit einem Interesse für »les systèmes des relations verbales observables dans l'œuvre même« unvereinbar wäre. Sollte nun meine Lektüre von Spitzer zutreffen, dann gibt es am Ende doch wenigstens einen *topos* innerhalb der gegenwärtigen Literaturtheorie, zu dem sein Werk paßt. Ich beziehe mich (überraschenderweise vielleicht, was die Persönlichkeiten anbetrifft, nicht aber bezüglich des zentralen Begriffs, um den es geht) auf Paul de Mans Überlegungen in dem Essay »Resistance to Theory«, wo er seine berühmte Beschreibung der Distanz zwischen »literature« und »the referential function of language« gegeben hat:

In a genuine semiology as well as in other linguistically oriented theories, the referential function of language is not being denied – far from it; what is in question is its authority as a model for natural or phenomenal cognition. Literature is fiction not because it somehow refuses to acknowledge »reality«, but because it is not apriori certain that language functions according to principles which are those, or which are like those, of the phenomenal world. It is therefore not apriori certain that literature is a reliable source of information about anything but its own language.[146]

Zwar ist es schwer vorstellbar, daß Spitzer selbst die referentiellen Funktionen von Sprache explizit negiert hätte, aber andererseits war diese Funktion, wie die Heidelberger Vorlesungen klar belegen, gewiß keine wesentliche Prämisse in seinem Umgang mit literarischen Texten. Die Schlußfolgerung allerdings, die Spitzer daraus zog, hätte von Paul de Mans Einstellung kaum weiter entfernt sein können. Spitzer interessierte sich für die Wirkungen, welche literarische Texte auf ihre Leser haben – und nicht so sehr, wie es für de Man der Fall war, dafür, wie die Texte solche Wirkungen erzeugen.[147] Vor allem wäre es für einen Kritiker von Spitzers Temperament undenkbar gewesen, seine Textanalyse auf einen einzigen Punkt zu zentrieren, nämlich eben auf das Problematisieren der referentiellen Funktion von Sprache und auf die »Unmöglichkeit von Theorie«. Seine eigene Lektüren »langweilig, monton, vorhersehbar und unangenehm« zu gestalten, nur um »unwiderlegbar« zu werden, wie Paul de Man nicht ohne Selbstironie seine eigene wissenschaftliche Produktion beschrieb,[148] hätte Spitzer einfach nicht interessiert.

Es gibt allerdings eine andere philosophische Position, die der Dekonstruktion ungefähr so nahe steht wie jene Paul de Mans und die von Spitzers Heidelberger Vorlesungen vorweggenommen scheint. Ich beziehe mich auf Jean-Luc Nancys Essays »The Birth to Presence«.[149] Auch wenn Nancy mit einer starken Polemik gegen Interpretation beginnt, »gegen diese endlose Erzeugung von Sinn«, so gilt sein Hauptinteresse doch nicht einer scharfen These über die Unmöglichkeit oder die Instabilität von Sinn, Bedeutung oder Referenz. Nancy betont einfach, wie ermüdend die Praktik von Sinnerzeugung geworden ist:

> In bestimmten Momenten gerät man in Zorn, in einen absoluten Zorn angesichts so vieler Reden, so vieler Texte, denen es nur darum geht, Sinn hervorzubringen oder noch einmal delikate Werkbedeutungen zu gestalten oder zu perfektionieren. Wenn hier von Entstehung die Rede ist, soll damit nicht ein Zuwachs von Sinn bezeichnet werden. Vielmehr sollte sie, wenn möglich, jenen defekten »Sinn« bereichern, der sie »ist«. Sie wird ausgesetzt, aufgegeben sein.[150]

Es ist hier nicht notwendig, im Detail zu beschreiben, wie Nancy das Motiv von der »Entstehung der Präsenz« zu einer Überlegung entwickelt, die man als das dekonstruktivistische Äquivalent einer Theorie von Geschichte charakterisieren könnte – wenn ›Dekonstruktion‹ und ›Geschichte‹ je kompatibel sein könnten. Ich führe dieses Buch jedoch als Zeugnis für einen Wunsch nach Präsenz in der zeitgenössischen philosophischen Kultur an – und als Beleg des Unterschiedes zwischen diesem Wunsch und der Identifizierung oder Erzeugung von Bedeutung (der Interpretation); schließlich als Zeugnis für die Einsicht, daß es unmöglich sein wird, unser Verlangen nach Präsenz jemals vollständig zu stillen. Angesichts dieser Unmöglichkeit versucht Nancy, sich Präsenz als ein konstantes Kommen und Gehen vorzustellen:

> Die Präsenz kommt nicht, ohne die PRÄSENZ auszulöschen, die die Repräsentation bezeichnen möchte (ihren Grund, ihren Ursprung, ihr Subjekt). Das Kommen ist ein

»Kommen-und-Gehen«. Es ist ein Hin und Her, das die Welt nirgends auf ein Prinzip oder einen Zweck hin überschreitet. Doch dieses in den Grenzen der Welt eingeschlossene Kommen und Gehen ist die Welt selbst; es ist ihr Kommen, und es ist unser Kommen auf sie, in sie.[151]

Leo Spitzer war sicherlich kein Vorläufer dieser – oder irgendeiner anderen – Philosophie. Aber ich glaube, daß es eine Affinität gibt zwischen dem Streben nach Präsenz, das Jean-Luc Nancy zu umschreiben versucht, und Spitzers Stil, mit Texten umzugehen. Spitzers Performanz als Literaturwissenschaftler – und mit ›Performanz‹ meine ich sowohl seine veröffentlichten Werke als auch die öffentlichen Auftritte (wie zum Beispiel die Heidelberger Vorlesungen von 1958) – zielte darauf ab, Präsenz zu erzeugen. Er war sich wohl bewußt, daß alles, was er so je erreichen konnte, ein momentanes Aufleuchten der Präsenz sein würde. Dies allerdings ist Ermutigung genug, nun Spitzers Aufsätze als eine Alternative zu der endlosen Fortsetzung von Interpretationen zu lesen. Wie man in einer manchmal zu feierlichen theologischen Sprache sagen könnte (in der Jean-Luc Nancy gerne schwelgt): es ist Spitzers Vermächtnis, die Hoffnung auf eine Erlösung von Bedeutung, Sinn und Referenz aufrechtzuerhalten.

Der Vater

Auch wenn Fritz Schalk im Nachkriegsdeutschland eher als institutionell einflußreicher denn als intellektuell produktiver Romanist galt, so waren doch die Zitate und Informationen, die er in seinen Aufsätzen und in den *Romanischen Forschungen* gab, der Zeitschrift, welche er über mehrere Jahrzehnte hinweg herausgab, berühmt für ihre Verläßlichkeit. Es ist daher recht außergewöhnlich, daß Schalks Kurzbiographie im Nachruf auf Leo Spitzer mit einem Sachfehler begann. Der Vater seines älteren Kollegen war nicht der »satirische Schriftsteller Daniel Spitzer«, wie Schalk schrieb,[152] sondern der wohlhabende Wiener Geschäftsmann Wilhelm Spitzer, der sich in relativ jungen Jahren zur Ruhe setzte, um das Leben eines Privatiers zu genießen und der kurz vor seinem einundsiebzigsten Geburtstag am 20. Mai 1919 starb.[153] Selbst wenn der Dichter Daniel ein Verwandter von Leo Spitzers Vater Wilhelm[154] gewesen wäre – es bleibt erstaunlich, daß Schalk diese Fehlinformation über Leos Verwandtschaft mit Daniel ohne eine zuverlässige Referenz gab. Sollte Spitzer in einem seiner eitlen Momente von seinem Vater als einem Satiriker geredet haben? Und warum gibt es überhaupt so wenige Details und Geschichten über seine frühen Lebensjahre – vor allem, wenn man Leos Drang, über sich selbst zu reden, in Betracht zieht?

In seiner Korrespondenz mit Karl Voßler findet man nur einen Brief, in dem Leo Spitzer über seinen Vater schrieb, und dieser Brief ist auf den 4. Juni 1919 datiert, exakt zwei Wochen nach Wilhelm Spitzers Tod:

> Verehrter lieber Freund,
> Ihre lieben Zeilen ermutigen mich, Ihnen Ausführlicheres über das Erlebte zu berichten, als eine kalte gedruckte Anzeige erraten lassen mag.
> Papa ist ganz plötzlich, ohne Todeskampf, gewissermaßen, heiter und still, offenbar am Gehirnschlag, gestorben. In der Früh fand man ihn ruhig hingestreckt und leblos auf.
> Am Abend vorher hatte er ganz gut gespeist und war ganz guter Laune – allerdings haben ihn die letzten Wochen Sorgen wegen der finanziellen Entwicklung geplagt. Papa war eigentlich ein heiterer, jovialer Mensch, innerlich gesund und nicht im geringsten gedankenblaß, der das

Leben von der schönen Seite nahm, sehr leicht erregbar, von überschäumendem Temperament. Seine Liebe zu mir war das Zentrum seines Lebens, das viel Gutes unter Armen und Gedrückten gesät hat. Ein schönes Leben und ein schöner Tod! Das Gefühl der scheidenden Jugend, das sie schildern, empfinde ich in seiner ganzen Stärke. »Allein« – das ist ein unheimliches Wort, besonders wenn man wie ich das Alleinsein des Juden stark empfindet. Mein Vater verstand es, sich stets mit Menschen zu umgeben, denen er wohlwollte, und auch hier allen Konflikten aus dem Wege zu gehen. Ich, wie Sie wissen, eine Kampfnatur, schwerer, mißtrauischer, pessimistischer, bin viel mehr vereinsamt. So wird denn die gegenwärtige Lage eine Lösung erheischen in der von Ihnen oft angedeuteten oder erhofften Richtung. Wie traurig aber zu denken, daß der Hinterbliebene sofort Ersatz, allerdings seelischen, sucht!

Auch wenn auf diese klagenden Worten wieder ein radikaler Wechsel der Tonlage folgte, welcher überleitet zu zwei Seiten, auf denen Spitzer seine Chancen, einen Ruf für eine Professur in Bonn zu erhalten, abwägt, so gibt es doch keinen Zweifel, daß er wirklich an seine Liebe zu dem Vater und die Liebe des Vaters zu ihm glauben wollte. Doch es ist aufgrund der Ereignisse genauso offensichtlich, daß die »Lösung der gegenwärtigen Lage«, nämlich seine Heirat mit Emma Kandziora, die er im August, nur drei Monate nach Wilhelms Tod (aber, wie er behauptete, nach »langen Jahren der Prüfung«),[155] bekanntgeben sollte, eine Entscheidung gewesen sein muß, welche der zweiunddreißig Jahre alte Sohn gegen den Willen des verstorbenen Vaters getroffen hatte. Warum Wilhelm Leos Emma nicht mochte (wenn er überhaupt Kenntnis von ihrer Existenz hatte), wissen wir nicht. Vielleicht war der Vater ein orthodoxerer Jude, als er es dem Sohn gegenüber jemals zugab – und hatte deswegen Einwände gegen eine christliche Schwiegertochter (es ist ungeklärt, ob Wilhelm jemals Adele Wolf, Leos offenbar christliche Mutter, geehelicht hatte). Immerhin nahm der Vater seinen Sohn oft genug mit in die Synagoge, daß Leo ein Rabbi werden wollte,[156] und Leo wußte auch, daß seine Vornamen ›Siegfried Leo‹, eine bürgerliche Version der liturgischen jüdischen Namen ›Samuel Leb‹ waren.[157] Auf der anderen Seite ist denkbar, daß Wilhelm Spitzer überhaupt keine Probleme mit einer christlichen Schwiegertochter gehabt hätte – aber Vorbehalte gegen den polnischen Nachnamen ›Kandziora‹.

Alles, was die Dokumente mit Sicherheit belegen – und alles, was wirklich zählt – ist der Eindruck, daß Wilhelm Spitzer als väterliche Autorität nicht ganz so einfach und angenehm gewesen sein muß, wie Leo Spitzer es immer dann betonen zu müssen glaubte, wenn er es nicht vermeiden konnte, über den Vater zu sprechen. Die lange Widmung an den Vater, die er im Dezember 1918 für das Buch »Aufsätze zur romanischen Syntax und Stilistik« schrieb, gibt uns mehr Aufschluß über seine pflichtschuldige Liebe als jeder andere Text:

> Dir, lieber Vater, sei dies Büchlein zugeeignet! Nicht bloß Originalarbeiten unterbreite ich Dir, Sammlung des hier und dort Verstreuten war meine vornehmliche Absicht: das Neue, das ich leisten mag, die Meister mögen es beurteilen, Du hast ein Recht auf den erworbenen Besitz. Wie oft, mein Vater, hast Du besorgt nach Gegenstand, Umfang, Tragweite des Entstehenden Dich erkundigt: besorgt, daß meine Sturm- und Drangnatur sich in Gelegenheitsarbeiten, in überhitzter Schnelltätigkeit, in einem multum et multa-Schaffen ausleben – und verbluten, daß ich nicht jene Reifezeit erreichen könnte, da die Fülle der Tiefe weichen muß, besorgt, daß Geistesarbeit das Gleichgewicht des Körpers stören möchte, besorgt … auch ohne Grund, wie's nun einmal der Liebe Art und Vorrecht ist. Nimm das Bändchen »kleiner Sachen« und erkenne darin den Drang

nach Ordnung, Verbesserung, Erweiterung des einmal Ausgesprochenen, den Drang nach Sammlung (auch in übertragenem Sinne), den ich gleich Dir empfand!

Für einen Privatdozenten mit respektabler Publikationsliste hatte diese Widmung einen seltsam defensiven Ton – dessen Grund vielleicht darin lag, daß die ›Sorgen‹ des Vaters über seine beruflichen Leistungen von Leo insgeheim geteilt wurden – und wohl auch von einigen der Autoritäten seines Faches. Aber wenn sein Vater die eigenen Ängste nur verstärkte, warum war Leo Spitzer dann so eifrig darauf bedacht, Wilhelm gegenüber Liebe und Dankbarkeit zu zeigen? Ein Grund muß in der finanziellen Abhängigkeit gelegen haben und in der Hoffnung, das Vermögen seines Vaters zu erben. Leo konnte es sich buchstäblich nicht leisten, Wilhelm vor den Kopf zu stoßen. Aber verborgen in einer Fußnote zu einem hochspezialisierten Forschungsartikel, den er in englischer Sprache geschrieben und 1945 veröffentlicht hatte, erwähnt Leo Spitzer auch eine weniger pragmatische Motivation für solches Verhalten gegenüber seinem Vater:

> My (Jewish) father used to require tears from me when we would visit the grave of my mother, whom I had lost at an early age, as if the actual shedding of tears was a guarantee of the feeling which should elicit them. But I distinctly remember that I felt unable to weep because of an inner opposition against a set form. Mine was, I would say today, the Protestant attitude which is suspicious of forms and can no longer see the charismatic impact in certain gestures or performances which for earlier, pagan, Jewish, Mohammedan, and Catholic civilizations was self-evident. The self-consciousness about forms which is characteristic of younger civilizations testifies, not to a loss of feeling in general, but to a loss of confidence in the penetration of the divine into all nooks and corners of the present world.[158]

Der Kontext, in welchem sich Spitzer genötigt sah, diese lange autobiographische Fußnote zu schreiben (welche sich ja immerhin auf einen Abschnitt seines Lebens bezog, über den er sonst immer Stillschweigen bewahrte) war das Argument, daß das altfranzösische Wort ›noise‹ die Konnotation von ›lament‹ im Sinne eines Klagerituals gehabt habe. Nun ist es entscheidend, sich klarzumachen, daß der erwachsene Spitzer, der Autor des wissenschaftlichen Aufsatzes, kein Interesse hatte, sich selbst als Opfer eines autoritären Vaters darzustellen, der ihn gezwungen hatte, Tränen am Grab seiner Mutter zu vergießen. Eher wollte sich Leo Spitzer, der Gelehrte, distanzieren von der ›protestantischen Haltung‹ seiner Kindheit, mit der er seine Unfähigkeit zu weinen erklärte. Das bedeutete, daß Spitzer zugab, wie wichtig es für ihn war, gelernt zu haben, *daß ›Formen‹ tatsächlich ›Gefühle‹ hervorrufen konnten.* Man könnte vielleicht sogar vermuten, daß Spitzer, indem er ständig seine Gefühle durch Formen bewegen ließ,[159] den »Verlust des Vertrauens in ein alle Ecken und Winkel der gegenwärtigen Welt durchdringendes Göttliches« kompensieren wollte.

Aber so weit möchte ich in meiner Spekulation gar nicht gehen. Was wir sehen können, ist, daß das, was Leo Spitzer von seinem Vater am Grab der Mutter gelernt hatte, nämlich Gefühle mit Formen zu wecken, zu seiner verblüffendsten Stärke als Leser geworden war. Niemand könnte die Intensität überboten haben, mit der Spitzer nicht nur auf Texte reagierte, indem er sie zu Ereignissen machte – sondern auf *alle* Umstände seines Lebens. Er hatte seine Gefühle unter Kontrolle – was vor allem bedeutete, daß er sie nach Belieben aktivieren konnte. Der Preis, den er – sein ganzes Leben lang – für dieses Talent zahlte, war eine Schwäche in all den Authentizitätsdiskursen und ihren subjektzentrierten Bedeutungen, an denen die (moderne und protestantische?) Kultur so sehr hing (und immer noch hängt). Selbst in seinen glücklichsten und tragischsten Momenten wußte Spitzer nie, ob er ›sich selbst trauen‹ konnte. Das mag der Grund gewesen sein, warum er weltberühmt für seine brillanten *virtuoso*-Auftritte wurde – aber doch niemals eine ›akademische Autorität‹ oder Haupt einer ›Schule‹ war. Nicht einmal seine glühendsten Bewunderer ›glaubten‹ wirklich an Spitzer.

Einen anderen Preis für Leo Spitzers Erfolg zahlte sein Sohn Wolfgang. Denn wie sein eigener Vater Wilhelm wurde Leo Spitzer zu einem, der sehr viel Wert auf sein Bild als liebende, großzügige und umgängliche Autorität legte – während Wolfgang doch zugleich fühlen mußte, daß er Leos sehr hohe Erwartungen niemals erfüllte. Ihre Geschichte begann mit einem handgeschriebenen Gedicht, das Leo seinen Freunden als Geburtsanzeige schickte:

> Ich schrieb gar viel in meinen Jünglingsjahren,
> Doch hab dies Treiben nie ich überschätzt –
> Nun lass ich gern den emsgen Griffel fahren,
> Mein liebes Weib führt ihn statt meiner jetzt:
> Sie hat 'nem kleinen Wesen eingeschrieben
> Ihr holdes Schwärmen und Ihr treues Lieben.[160]

Natürlich änderte sich nach Wolfgangs Geburt kaum etwas in Leo Spitzers Leben. Statt in seinen beruflichen Aktivitäten kürzer zu treten, wie er es in der Geburtsanzeige angekündigt hatte, entdeckte Spitzer das Familienleben als ein weiteres Feld linguistischer Forschung. Mehr als fünfzehn Jahre später zeigte Leo Spitzer in seinen Briefen an Voßler milde Freude über die Entwicklung seines Sohnes – aber er stellte doch auch klar, daß Wolfgang im Begriff war, das zu werden, was er, der Vater, gerade nicht wollte. Und so versuchte Leo sich davon zu überzeugen, daß er großzügig zu einem Sohn war, der ihn eigentlich nicht verdiente:

Puxi ist größer von Statur als ich, der stärkste seiner Schule, dabei ein Kindergesicht und, bei unleugbarer Intelligenz, Musikalität und originellem Wesen, auch ein Kindergemüt, mit viel überflüssigen Exzessen, die seine Einordnung in die Gesellschaft immer wieder erschweren. Er wird nie ein Amerikaner werden, wohl aber sein Leben in Amerika immer leicht verdienen können [...].[161]

Später heißt es aber auch:»Er ist ein herkulisch gebauter, hübscher, gutherziger, gescheiter, musikalischer, manuell geschickter, praktischer, nicht allzu fleißiger Junge – also ein richtiger Amerikaner.«[162] Im Herbst 1939 wurde Wolfgang Student am Oberlin College, wo er pflichtschuldigst lernte, deutsche und französische Literatur zu schätzen. Aber obwohl er hervorragende Noten erhielt, schaffte es Wolfgang wieder einmal nicht, den Erwartungen seines Vaters zu genügen. Denn der akademische Lehrer, der ihn dazu inspirierte, war ein ehemaliger Schüler Leos – und das löste starke Eifersuchtsgefühle aus:»[Wolfgang] ist der Beste in deutscher und französischer Literatur, und er liebt nun all die Klassiker, die er mir nie glauben wollte. Dort ist ein Deutschlehrer [...], den man als richtigen ›Sinnhuber‹ bezeichnen kann, der mein Hörer in Bonn vor vielen Jahren gewesen ist und meinem Söhnlein nun die Existenz des Gelehrten vorlebt – die dieser zu Hause so gar nicht einleuchtend fand.«[163] Als Hugo Friedrich sechs Jahre später Spitzer nach seinem Sohn fragte, zählte der Vater fast verschämt eine Reihe von Leistungen auf, die ihn hätten stolz machen können:»Mein Sohn ist 24 Jahre alt, war zweieinhalb Jahre in Frankreich bei der Spionage-Abwehr, hat eine Armeebelobigung und einen französischen Orden mitgebracht, er ist verheiratet und macht jetzt sein College zu Ende.«[164]

Der letzte Verweis Leo Spitzers auf seinen Sohn Wolfgang, den ich gefunden habe, findet sich in einem weiteren Brief an

Hugo Friedrich. Spitzer bot an, daß sein sechsunddreißig Jahre alter Sohn ihn »mit dem Auto, das er besitzt« von Heidelberg nach Freiburg fahren könnte, wo der Vater eingeladen war, am 4. Juli 1958 eine Gastvorlesung zu halten.[165] Irgendwann danach muß Wolfgang Spitzer den Entschluß gefaßt haben, seine Beiträge zur Mehrung des väterlichen Ruhms einzustellen. Ich vermute, daß er nie bereit war, Nachforschungen über das Leben Leo Spitzers zu unterstützen.[166]

Anmerkungen

[1]   Zum Beispiel die Kölner Rundschau vom 20. September 1960. – Ich habe folgende biographische Skizzen und akademische Nachrufe in bezug auf Spitzer berücksichtigt: Helmut Hatzfeld in: Hispanic Review 29 (1961), pp. 54–57; Yakov Malkiel in: Romance Philology 14 (1960/61), pp. 362–364; Fritz Schalk in: Romanische Forschungen 13 (1961), S. 132–135; Fritz Schalk in: Ingeborg Schnack (Hrsg.): Marburger Gelehrte in der ersten Hälfte des 20. Jahrhunderts. Marburg 1977, S. 523–537; René Wellek, in: Comparative Literature 12 (1960), pp. 311–334. – Den folgenden Institutionen, Kollegen und Freunden möchte ich für ihre Unterstützung in bezug auf diesen Aufsatz und die damit verbundene Vorarbeit danken: Bayerische Staatsbibliothek München, Eike Behrendt, John Bender, Günter Blamberger, Bliss Carnochan, João Cézar de Castro Rocha, Alfred Ebenbauer, Geheimes Staatsarchiv/Preußischer Kulturbesitz (Dr. Marcus), Robert Harrison, Frank-Rutger Hausmann (ohne dessen freundlich-freundschaftliche Unterstützung und ohne dessen Vorarbeiten ich diesen Aufsatz nicht hätte schreiben können), Hessisches Staatsarchiv Marburg (Dr. Auerbach), Rosemarie Heyd, Lorenz Jäger, Peter Jehle, Seth Lerer, Antonio Gómez Moriana, Andreas Kablitz, Edith Kern, Kirsten Kramer, Ralph Kray, Ursula Link-Heer, Yakov Malkiel, Karl Ludwig Pfeiffer, Philipps-Universität Marburg (Herr Koehler), Henning Ritter, Jeffrey Schnapp, Ulrich Schulz-Buschhaus, Universitäts- und Landesbibliothek Bonn (C. Weidlich), Universitäts-archiv Wien (K. Muehlberger), Wolf-Dieter Stempel, Miguel Tamen, Bianca Theisen, Rainer Warning, David Wellbery, Brett Wells und Sabine Wolters.

[2]   Harry Levin: Two Romanisten in America: Spitzer and Auerbach. In: Donald Fleming / Bernhard Bailyn (Hrsg.): The Intellectual Migration. Cambridge, MA 1969, pp. 463–484, v.a. pp. 476–477.

[3]   Hatzfeld (siehe Fußnote 1), p. 54.

[4]   Levin: Two Romanisten, p. 476.

5   A.G. Hatcher / K.L. Selig (Hrsg.): Studia philologica et litteraria in honorem L. Spitzer. Berlin 1958 (unter den Beitragenden waren Dámaso Alonso, Erich Auerbach, Emile Benveniste, Roman Jakobson und Ramón Menéndez Pidal).

6   Dieser Band wurde von S.F. Vanni, Publishers and Booksellers, New York 1948, herausgegeben. Der Tabula Gratulatoria geht folgende Inschrift voran: »Testimonial Volume in Honor of Leo Spitzer, on occasion of his sixtieth birthday, February the seventh, 1947. Presented to him by Anna Hatcher and Charles Singleton in the name of a Committee of Sponsors and Other Friends Whose Contributions have Made Possible the Publication of this Volume.«

7   Es existiert keine komplette Bibliographie, aber René Wellek (S. 310) schätzte, daß eine Liste aller Veröffentlichungen Spitzers mehr als 800 Titel beeinhalten würde – darunter bemerkenswert wenig Monographien.

8   Siehe die bibliographischen Skizzen von Wellek, S. 330–334 und Susanne Strobach-Brillinger in: Hans Helmut Christmann / Frank-Rutger Hausmann / Manfred Briegel (Hrsg.): Deutsche und österreichische Romanisten als Verfolgte des Nationalsozialismus. Tübingen 1989, S. 322–324.

9   Siehe Helmut Hatzfelds Nachruf (Fußnote 1): »Auf jeden Fall erfreuten sich jene, die Spitzer persönlich kannten [...] an seiner Rabelaischen Haltung und unschlagbarem Sarkasmus, seiner Freude an akademischem Klatsch: ›Was denken Sie über Professor X, Herr Spitzer?‹ ›Er ist der Dümmste von allen.‹ Es machte einem nichts aus, sogar wenn man annehmen konnte, daß er das gleiche bei einer anderen Gelegenheit über jemand anderen sagte – über einen selbst.« – Einige der Artikel, in denen Spitzer seine ›Methode‹ vorstellte (nicht ohne die *captatio benevolentiae*, mit der er ›zugab‹, er habe keine Methode): Linguistics and Literary History. In: Leo Spitzer: Linguistics and Literary History. Essays in Stylistics. Princeton N.J. 1948, pp. 1–39 (die Niederschrift einer Vorlesung am Princeton Department of Modern Languages and Literatures); Les études de style dans les différents pays. In: Langues et Littératures Modernes. Paris 1961, pp. 23–28 (die Vorlesung, die Spitzer in Liège zwei Wochen vor seinem Tod hielt); Sviluppo di un metodo. In: Cultura Neolatina 20 (1960), pp. 109–128 (eine Vorlesung, die er Mai 1960 in Rom gehalten hatte).

[10] Siehe z.B. Levin, p. 469: »probably the greatest living virtuoso of the *explication du texte*,« oder Yakov Malkiel, in: Romance Philology 14 (1960/61), p. 362, der Spitzer unter einigen anderen Tugenden, und vor allem vielen Lastern, »sheer versatility, in the not unequivocal sense of *Virtuosentum*« bescheinigt.

[11] Romanische Forschungen 73 (1961), S. 133.

[12] Spitzers Malkiel-Rezension war in den Romanischen Forschungen 62 (1950) erschienen.

[13] Romance Philology 14 (1960/61), p. 363.

[14] John Freccero: Foreword. In: Alban K. Forcione / Herbert Lindenberger / Madeline Sutherland (Hrsg.): Leo Spitzer – Representative Essays. Stanford 1988, pp. XI–XX (zitiert wird p. XX).

[15] Das Eigene und das Fremde. Über Philologie und Nationalismus. In: Die Wandlung. Eine Monatsschrift 1 (1945/46), S. 576–594. – »Die Wandlung«, von vier Intellektuellen herausgegeben, die nicht mit dem Naziregime kollaboriert hatten und deren Werk im westlichen Nachkriegsdeutschland und in der DDR großen Einfluß ausübte, ist eine der umfassendsten (und in weiten Teilen noch nicht genutzten) Quellen für das Verständnis der damaligen historischen Situation. Siehe Monika Waldmüller: Die Wandlung. Marbach 1988.

[16] Das Eigene und das Fremde, S. 593.

[17] Siehe Schalk, S. 132: »Aber *eine* Hauptthematik gab es doch, die er sich selbständig erobert und mit unvergleichlicher Dynamik von Aufgabe zu Aufgabe weiter entwickelt hat, nämlich die Stilistik.« – Dieses Konzept tauchte bereits im Titel von Spitzers Dissertation an der Universität Wien im Jahr 1913 auf (»Die Wortbildung als stilistisches Mittel«), und es erscheint in den Titeln der meisten Bände, in denen Spitzers Essays im Laufe der Jahre neu veröffentlicht worden sind: Stilstudien (1928), Romanische Stil- und Literaturstudien (1931), Critica stilistica e storia del linguaggio (1954), Études de style (1970).

[18] Niklas Luhmann: Das Kunstwerk und die Selbstreproduktion der Kunst. In: Hans Ulrich Gumbrecht / K. Ludwig Pfeiffer (Hrsg.): Stil – Geschichten und Funktionen eines kulturwissenschaftlichen Diskurselements. Frankfurt 1986, S. 620–672, v.a. S. 632–646.

[19] Luhmann vermied es, Konzepten wie ›Subjektivität‹ und ›Individualität‹ innerhalb seiner Theorie einen Platz einzuräumen. Darum

würde er eine Anwendung seiner Definition von Stil auf das Phänomen der ›individuellen Identität‹ nicht akzeptiert haben.

[20] Siehe Walter Benjamin: Über den Begriff der Geschichte. In: Gesammelte Schriften. Vol. I/2. Frankfurt 1974, S. 693–703, v.a. These XV (S. 701f.), in der Benjamin das Bild der Revolutionäre interpretiert, die als einen Versuch, »die Zeit anzuhalten«, auf Uhren schießen.

[21] Ebd., S. 701. Über diese Beziehung von Unmittelbarkeit zur Vergangenheit siehe auch S. 695.

[22] Keine dieser drei Modellebenen kann unabhängig von den anderen gedacht werden. ›Ereignis‹ ist ein Konzept, das, obwohl wir es der Objektseite zuordnen, immer die Modalität des ›Erlebens‹ auf der Seite der Rezeption voraussetzt.

[23] Siehe meinen Aufsatz: »Pathos of the Earthly Progress«: Erich Auerbach's Everydays. In: Seth Lerer (Hrsg.): Literary History and the Challenge of Philology. The Legacy of Erich Auerbach. Stanford 1996, pp. 13–36, v.a. pp. 19–25. (Eine gekürzte deutsche Fassung des Essays »Pathos des irdischen Verlaufs«: Erich Auerbachs Alltag [übersetzt von Frank Rene Peters] ist erschienen in: Atta Troll. Selbstbesichtigungen der literaturwissenschaftlichen Germanistik im 20. Jahrhundert. Hrsg. von Petra Boden und Holger Dainat. Berlin. Eine vollständige deutsche Version [übersetzt von Sabine Wolters] ist in dem Band »Zur Geschichte und Problematik der Nationalphilologien in Europa 1846–1996. 150 Jahre Erste Germanistenversammlung in Frankfurt am Main«, hrsg. von Frank Fürbeth, Pierre Krügel, Ernst E. Metzner und Olfa Müller erschienen.)

[24] Ich fand Spitzers Briefe an Voßler in der Bayerischen Staatsbibliothek München, Ana 350, 12A, Spitzer, Leo, und Ana 350, 13B, Spitzer, Leo. – Der erste Brief Spitzers in dieser Sammlung ist auf den 15. September 1913 datiert. In einem auf seinem Familiensommersitz (›Villa Leonstein‹) in Pörtschach am Wörthersee (das heute nahe der österreichischen Grenzen mit Slowenien und Italien gelegen ist) verfaßten Schreiben fragte Spitzer Voßler, ob es eine Möglichkeit gebe, ihn während des Neuphilologenkongresses am 30. September in Marburg zu sprechen. Während der ersten Jahre ihrer Korrespondenz war Spitzer eifrig bedacht darauf, solche Treffen mit Voßler zu arrangieren und ihn übers eine eigenen Forschungen und Arbeiten auf dem laufenden zu halten. 1924 (Voßler und seine Familie scheinen in

diesem Jahr den Sommerurlaub mit Spitzer in dessen Haus in Pörtschach verbracht zu haben) wechselten Spitzer und Voßler von der Höflichkeitsform der Anrede zur familären Du-Form – eine bemerkenswerte Konzession, wenn man bedenkt, daß Voßler als Geheimrat die höchste Stufe der akademischen Hierarchie erreicht hatte, während Spitzer damals immer noch auf seine erste volle Professorenstelle wartete. Der letzte Brief Spitzers ist auf den 10. Dezember 1940 datiert. – Aus einem Schreiben an seinen jüngeren Kollegen Werner Krauss (19. Juli 1946), der in einem demnächst erscheinenden Band der Werner-Krauss-Edition publiziert werden wird, ist zu ersehen, daß Spitzer Voßlers Verhalten während der letzten Jahre des Nationalsozialismus (und des europäischen Faschismus) zu kompromißlerisch fand, um die Freundschaft weiter aufrechterhalten zu wollen: »Und dann ist da *Vossler*. Ich möchte Sie gern um Ihre ehrliche Meinung befragen. Sie wissen wie ich persönlich ihn immer gern gehabt habe, obwohl mir seine etwas wankelmütige Gesinnung immer zu schaffen gemacht hat. Aber nun habe ich im und vor dem Krieg so viel Zweideutiges von ihm gelesen, nichts ganz Böses, aber als Nazi-Beschwichtigung Deutbares. Und er hat dies Madrider Ehrendoktorat unter dem Zeichen der Phalanx und der Nazipartei empfangen. [...] Und nun ist er Rektor. Ich weiß, daß Sie ihm Gefühle der Verehrung entgegenbringen, aber ich kann mir nicht denken, daß dies Wiggel-Waggel Ihnen recht war. Sehen Sie, ich kann solang ein guter Freund sein als ich mit jemand *reden*, d.h. etwas auf seine Widerrede *geben*, kann. Wenn aber die Gegenseite einfach geistig schwabbelig wird, verlier ich die Lust zum Reden [...]«. Ein Brief, den Voßlers Witwe einige wenige Wochen nach dessen Tod, am 2. Mai 1949, an Werner Krauss geschrieben hat, beweist, daß die Voßlers sich der Entfremdung Spitzers bewußt waren: »Von Spitzer haben wir auch schon lange nichts mehr gehört. Er hat es Carlo [d.i. Voßler] persönlich übel genommen, daß die Nazi ihn nicht umgebracht haben. Ich habe vergeblich versucht, diese alte Freundschaft zu leimen. Aber das wäre ja so wie so nichts gewesen. Aber Nazi-Freundschaft kann man doch Carlo sicher nicht vorwerfen.« (zitiert aus meinem Aufsatz »Karl Voßlers noble Einsamkeit – Über die Ambivalenzen der Inneren Emigration«. In: Rainer Geissler / Wolfgang Popp (Hrsg.): Wissenschaft und Nationalsozialismus. Eine Ringvorlesung an der Universität-Gesamthochschule Siegen. Essen 1988, S. 275–298, hier S. 298). Siehe auch Frau Voßlers Brief an

Krauss vom 3. September 1949: »... ich möchte gern, daß der Weg nach Spanien, den Carlo so geliebt und gepflegt hat, nicht gleich wieder zugeschüttet wird. Freilich, das neue Spanien hat er nicht gekannt und sich nicht um seine Politik gekümmert, hat Freunde auf beiden Seiten [des spanischen Bürgerkrieges] gehabt. Spitzer hat ihm vorgeworfen, daß er im Jahr 44 einen spanischen Orden und einen Ehrendoktor bekommen hätte. Finden Sie das auch? Ich kann es Spitzer nicht erklären, wie anders das war ...« – Am 8. April 1945, exakt einen Monat vor der offiziellen Kapitulation des Dritten Reiches, empfingen Karl Voßler und Frau Voßler Victor Klemperer, einen ehemaligen Studenten Voßlers, und dessen Frau in ihrer Münchner Wohnung, wo ihnen, zu Klemperers Überraschung, ein ›Friedens-Mittagessen‹ von Voßlers Dienstbotin serviert wurde. Klemperer, ein ehemaliger Professor der Technischen Universität Dresden, war gezwungen worden, seine Universitätsstelle aufzugeben, da er ein Jude war. Mehr schlecht als recht natürlich und auf wundersame Weise hatten er und seine Frau bis zum Frühjahr 1945 in Deutschland überlebt und versuchten nun, der letzten Welle nationalsozialistischer Grausamkeit und Verfolgung zu entkommen. Die Notizen in Klemperers Tagebuch beschreiben Voßler als immer noch beeindruckenden, aber eindeutig senilen Mann, der nicht willens war, sich nach den ideologischen und politischen Regeln des nationalsozialistischen Deutschland zu richten – aber gleichzeitig vor allem damit beschäftigt war, seinen eigenen Ruf zu bewahren, so daß für das Nachdenken über eine ideologische oder sogar politische Alternative keine Zeit blieb: »Ein riesiges, elegantes Zimmer, offenbar alles in einem: Arbeits-, Eßzimmer, Salon, [...] Er [Voßler] stand mitten im Zimmer, auf den ersten Blick wenig verändert – nachher merkte ich doch die Altersspuren. Das Gesicht, mit ganz kleinem, grauem Schnurrbart ziemlich ausgemergelt, oft die Haltung des Schwerhörigen, der sein Leiden verheimlichen möchte, bei aller Lebhaftigkeit nach einiger Zeit entschiedene Ermüdung.« Im Laufe der folgenden Unterhaltung erwähnte Voßler stolz seinen Ehrentitel der Universität Madrid, aber statt über die politischen Umstände der Verleihung zu sprechen, berichtete er detailreich über seine Weigerung, einen diplomatischen Posten in Spanien für die deutsche Regierung zu übernehmen. Gegen Ende ihres Mittagessens löste Klemperers Beschreibung, wie er, als ein Jude, das Dritte Reich in Deutschland bis dahin überlebt hatte, eine Reaktion aus, die in ihrer verblüffenden

Zweideutigkeit vielleicht typisch für das Verhalten von Deutschen wie Voßler und seiner Frau gegen Ende des Krieges ist:»Für mich sind Sie arisch, ich weiß nichts anderes.« (Siehe Victor Klemperer: Ich will Zeugnis ablegen bis zum letzten. Tagebücher 1942–1945, Berlin 1995. Bd. II, S. 729–731).

[25] Hessische Staatsbibliothek Marburg Acc 1952/1 305a 12, Bd. I.

[26] Wolf-Dieter Stempel gab mir Abschriften zweier unveröffentlichter Briefe Auerbachs an Binswanger (vom 3. März 1930 und vom 28. Oktober 1932). Ludwig Binswanger war ein Kenner der französischen Literatur, der keine akademische Position innehatte. Nach 1933 emigrierte Binswanger, der zum großen Bedauern Auerbachs ein Bewunderer Mussolinis war, nach Italien, wo er schließlich die Leitung eines Hotels in Florenz übernahm. 1937 veröffentlichte Auerbach eine Rezension zu Binswangers Buch »Die ästhetische Problematik Flauberts« (1934) in: Literaturblatt für germanische und romanische Philologie 58 (1937), S. 111–113.

[27] Brief Spitzers an Curtius, 10. Oktober 1923, Universitätsbibliothek Bonn, S 2613 (Nachlaß Ernst Robert Curtius). – Einige Spitzer betreffende Dokumente (die von Curtius gesammelt waren) gingen am 12. April 1951 an die Universitätsbibliothek Bonn – mit folgendem Brief als Deckblatt:»Anbei sende ich Ihnen einige Briefe von und über Leo Spitzer (*1887, z.Zt. Prof. d. rom. Philologie an Johns Hopkins University, Baltimore). Sie sind wissenschaftsgeschichtlich von Interesse, und ich würde mich freuen, wenn sie in der Handschriftensammlung der UB aufbewahrt würden – aber freilich nur unter der Bedingung dass sie zu Spitzers Lebzeiten nicht zugänglich gemacht werden. Mit besten Grüßen, Ihr Curtius«. Die meisten dieser Dokumente sind – z.T. sehr kritische – Gutachten, die anläßlich von Spitzers letztlich erfolgreicher Kandidatur an der Universität Marburg geschrieben wurden. – Unter S 2718.2 führt die Universitätsbibliothek Bonn aber auch eine Mappe mit Liebesbriefen und anonymen Nachrichten, die Spitzer der Frau eines Kollegen in Bonn gesandt hatte, wo er von 1918 bis 1925 lehrte. Am 10. Oktober 1924 zum Beispiel schrieb er:»Warum so fern, warum? Einer, der manches zu sagen, mehr zu fragen hätte.« Was, zumindest nach Spitzers Briefen, um 1925 eine stürmische Liebesaffäre gewesen sein muß, verwandelte sich in den späten 1920er Jahren in einen Briefwechsel zwischen ›reifen Freunden‹.

28 Nach der Geburt ihres (einzigen) Kindes, Wolfgang Wilhelm, am 11. Mai 1922, gaben Spitzer und seine Frau sich Namen, die aus ihrer neuen Elternrolle entstanden waren: »Papi« für Leo Spitzer, »Empi« (vielleicht eine Verballhornung ihres Vornamens Emma) für Frau Spitzer – und »Puxi« (vielleicht nach Shakespeares »Puck«) für das Baby. Spitzer, der darauf bestand, daß Freunde und Kollegen diese privaten Namen ebenfalls verwendeten – noch mehr als zehn Jahre später zeichnete er die meisten Briefe an Voßler mit »Papi« – widmete der linguistischen Situation innerhalb seiner Familie ein kleines Buch, das wohl als die schwächste (aber, von einem bestimmten Blickpunkt aus, die aufschlußreichste) seiner vielseitigen intellektuellen Leistungen gelten kann: Puxi. Eine kleine Studie zur Sprache einer Mutter. Rudolfstadt 1926. – Das Exemplar der Green Library / Stanford enthält eine Widmung Spitzers: »Leben – Dichtung – Wissenschaft? Weihnachtsgruß. L.Sp.«

29 Hessische Staatsbibliothek Marburg Acc 1952/1 305a 12, Bd. I.

30 Siehe mein Auerbach-Essay »Pathos of the Earthly Progress« (»Pathos des irdischen Verlaufs«), S. 17–19.

31 Was die Schwierigkeit Spitzers angeht, Themen und Probleme ohne intellektuelle Anregungen von außen zu finden (und auch die Schwäche seines schriftlichen Stils), siehe Jean Starobinski: Leo Spitzer et la lecture stylistique. In: Leo Spitzer: Études de style, Paris (Gallimard) 1970, pp. 7–39, v.a. pp. 14–15: »Comme tant d'amoureux qu'anime la présence d'un concurrent, Spitzer semblait souhaiter que sa conquête du sens du textes litigieux coïncidât avec la déconfiture du rival. [...] Spitzer ne voulait pas être écrivain, et son propre langage ne lui importait guère: comment mieux faire entendre que la fonction du commentaire ›savant‹ est pour lui toute relative et instrumentale, destinée à s'effacer devant la présence souveraine des œuvres?«

32 Für die folgenden Seiten berufe ich mich auf die Personalakte »Leo Spitzer«, Philosophisches Dekanat, Archiv der Universität Wien. Der ehemalige Rektor Alfred Ebenbauer und Universitätsarchivar Kurt Mühlberger gewährten mir Einsicht in dieses Dokument.

33 »Die Wortbildung als stilistisches Mittel exemplifiziert an Rabelais nebst einem Anhang über die Wortbildung bei Balzac in seinen Contes Drolatiques [sic]«.

[34] »Die Namengebung bei neuen Kulturpflanzen. Dialektfranzösisch *échaler*, Nüsse abschlagen.«

[35] Leo Spitzer: In memoriam Elise Richter. In: Romance Philology 1 (1947/48), pp. 329–338, hier p. 330.

[36] Aus Meyer-Lübkes (undatierter) Bewertung von Spitzers Habilitation. – Siehe auch die Anmerkung im Protokoll der Sitzung des Komitees, das Spitzer zum Habilitationsverfahren zuließ (6. November 1912): »Spitzer ist sehr belesen auf allen Gebieten der Romanistik, hat namentlich für syntaktische und stilistische Fragen immer Verständnis«.

[37] Diese Phase von Spitzers Schaffen ist am besten in der Aufsatzsammlung »Aufsätze zur romanischen Syntax und Stilisik«. Halle 1918 dokumentiert.

[38] Die Themen waren »Stilistisches aus den Dichtungen der französischen Symbolisten«, »Matilde Serao«, »Über ital. *così*«.

[39] »Frau Dr. Elisa Richter in verehrungsvoller Gegnerschaft gewidmet«, in: Fremdwörterhatz und Fremdvölkerhaß. Eine Streitschrift gegen Sprachreinigung. Wien 1918, S. 3. – Zu Elise Richter, einer faszinierenden Persönlichkeit und, wie Spezialisten heute urteilen, einer der großen Sprachhistoriker(innen) ihrer Zeit, siehe Spitzers bewegenden Essay (Fußnote 35), und die Dokumentation von Helmut Christmann in: Christmann/Hausmann/Briegel (Hrsg.): Deutsche und österreichische Romanisten, S. 316–317.

[40] Ihr Manifest war Karl Voßler: Positivismus und Idealismus in der Sprachwissenschaft. Eine sprach-philosophische Untersuchung. Heidelberg 1904.

[41] Siehe Positivismus und Idealismus, S. 2, 3, 91, 92. Während er die wichtige Rolle, die seiner Meinung nach die Genies in diesem Zusammenhang spielen sollten, unterstrich, bezog sich Voßler mehrmals auf die Ästhetik Benedetto Croces.

[42] Ebd., S. 5.

[43] Eine Strömung innerhalb der romanischen Sprachwissenschaft. In: Archiv für das Studium der Neueren Sprachen 141 (1921), S. 111–131. Neben der strikt sprachwissenschaftlichen und philologischen Auseinandersetzung mit Lerchs Argumenten bezieht sich Spitzer einige Male – in mißbilligendem Ton – auf das, was er als den marxistischen Hintergrund von Lerchs These ausmachte.

[44] Ebd., S. 112.

[45] Italienische Umgangssprache. Bonn und Leipzig 1922.

[46] Ebd., S. VIII.

[47] Die Umschreibungen des Begriffs »Hunger« im Italienischen. Stilistisch-onomasiologische Studie aufgrund von unveröffentlichtem Zensurmaterial. Halle 1920.

[48] Hugo-Schuchardt-Brevier. Ein Vademecum der allgemeinen Sprachwissenschaft. Zusammengestellt und eingeleitet von Leo Spitzer. Halle 1922. Das Buch wurde 1928 im Niemeyer-Verlag und 1976 von der Wissenschaftlichen Buchgesellschaft wiederaufgelegt.

[49] Ebd., v.a. S. 5–6. – Auf S. 4 versucht Spitzer einen Konvergenzpunkt zwischen Voßlers Programm und Schuchardts Forschung auszumachen.

[50] Ebd., S. 7.

[51] Nach ›mündlicher Überlieferung‹, in die ich 1982 an der Universität Graz eingeweiht wurde (als sich in der Villa Malvine noch das Romanische Seminar befand).

[52] Er beschrieb es als eine Art der Forschung, die man als Protoform der Psycholinguistik ansehen kann: »meine Studie will ein Stück *Sprachseelenforschung* sein«. (S. 48)

[53] Puxi, S. 4.

[54] Unter ihnen Jean-Richard Bloch, Benedetto Croce, Georges Duhamel und Etienne Gilson.

[55] Luise Berthold: Erlebtes und Erkämpftes. Ein Rückblick. Marburg (Privatdruck) 1969, S. 39. Siehe auch Karl Löwith: Mein Leben in Deutschland vor und nach 1933. Ein Bericht. Stuttgart 1986, S. 77–78, 92, 99, 107.

[56] Einen wichtigen Beitrag zu Spitzers schnell fortschreitender Kanonisierung nach 1925 bildete wahrscheinlich die Veröffentlichung einer zweibändigen Aufsatzsammlung 1928 mit dem Titel »Stilstudien« (München). Der erste Band beschäftigt sich mit »Sprachstilen«, also den stilistischen Eigenheiten verschiedener Sprachen, und der zweite mit »Stilsprachen«, d.h. dem Stil einzelner literarischer Autoren.

[57] Stilstudien. Bd. II, S. 17. – Der Aufsatz »Sprachwissenschaft und Wortkunst«, aus dem hier zitiert wird, erschien zum ersten Mal 1925/26.

[58] Ebd., S. 499–500.

[59] Spitzer benutzt hier den Ausdruck ›sich austanzen‹, der für die quasi-existentialistische Konzeption von Tanz unter den Intellektuellen der zwanziger Jahre typisch ist. Siehe die Passage über »Dancing« in meinem Buch: In 1926. Living on the Edge of Time. Cambridge, MA 1997.

[60] Siehe Starobinski: Leo Spitzer et la lecture stylistique, p. 25, der ebenfalls einen wichtigen Übergangspunkt in Spitzers Arbeit um 1930 beobachtet – und der ebenfalls eine Diskrepanz zwischen diesem Wechsel und dem institutionalisierten Bild von Spitzers intellektuellem Schaffen bemerkt.

[61] Einleitung. In: Leo Spitzer (Hrsg.): Meisterwerke der romanischen Sprachwissenschaft. Bd. I. München 1929, S. 4.

[62] In einem sehr privaten Kondolenzschreiben an seine Freundin Dorle Meissner (siehe Fußnote 27) anläßlich des Todes ihrer Mutter (24. Januar 1929) erging sich Spitzer in Variationen des Konzeptes ›Erlebnis‹: »Es ist ja sogar schrecklich zu denken, wie herzlos man gegen seine Toten wird: mein Vater, dessen Tod ich, bevor er erfolgt war, kaum ertragen zu können glaubte, er ist doch, ich gestehe es ehrlich, entsetzlich vergessen – bei Ihnen wird es anders sein, weil die Mama ein Stück Ihres Erlebens war, die Frau, die mit Ihnen alles erlebte, durch die Sie des Erlebens erst recht bewußt wurden, ja die Sie oft für sich leben ließen. Aber schließlich werden Sie doch am Leben wieder Freude finden, eben weil die Mama Ihnen seelisch nahe bleiben wird, weil der Rudolf doch gut zu Ihnen ist – und weil es das Leben so will.«

[63] Zur sprachlichen Interpretation von Wortkunstwerken. In: Leo Spitzer: Romanische Stil- und Literaturstudien. Bd. I Marburg 1931, S. 4–54, hier 29–30. – Dies war das erste Buch einer ambitionierten Publikationsreihe, die offensichtlich Spitzers Wechsel von Marburg an die Universität zu Köln 1930 markieren sollte: Kölner Romanistische Arbeiten. Veröffentlichungen der Internationalen Forschungsinstitute in Köln und des Romanischen Seminars der Universität, herausgegeben von Leo Spitzer.

64 Zur sprachlichen Interpretation von Wortkunstwerken, S. 31.

65 Leben, Tod und Jenseits bei Jorge Manrique und François Villon, S. 271–301.

66 Brief an Voßler vom 23. Dezember 1929.

67 Raymond Aron: Mémoires. Paris 1983, pp. 53–54.

68 Siehe z.B. Spitzers Briefe an Voßler vom 1. und 13. November 1931.

69 Kölner Universitätsarchiv, Personalakte Leo Spitzer, UAK 9/270. – Die Schlösser wurden schließlich im Mai 1933 angebracht, als Spitzer schon nicht mehr Direktor des Seminars war.

70 Siehe Frank Golczewski: Kölner Universitätslehrer und der Nationalsozialismus. Köln 1988, S. 105–106.

71 In bezug auf Friedrich, siehe Frank-Rutger Hausmann: Lehrer und Schüler? Leo Spitzer und Hugo Friedrich in ihren Briefen. In: Frank-Rutger Hausmann: »Aus dem Reich der seelischen Hungersnot.« Briefe und Dokumente zur Fachgeschichte der Romanistik im Dritten Reich. Würzburg 1993, S. 21–44, hier S. 31–35. – Diese grundlegend wichtige Abhandlung und die dort (zum Teil erstmals) präsentierten Dokumente haben entscheidend mein Urteil über die Rolle geprägt, die Friedrich in Spitzers letzter Lebensphase spielte (vgl. S. 77ff.).

72 Rosemarie Burkart hatte sich selbst darüber hinaus ein höheres Gehalt als irgendeinem anderen von Spitzers Mitarbeitern zugeteilt (auch wenn zumindest einer von ihnen bereits befugt war, mit dem Doktortitel zu zeichnen).

73 Siehe auch Spitzers Brief an Colette Schmidt, in: Hausmann: »Aus dem Reich«, S. 151–152.

74 Nach einem Brief von Rosemarie Heydt (geborene Burkart) an Frank-Rutger Hausmann (8. Januar 1987).

75 Klemperer: Ich will Zeugnis ablegen. Bd. II, S. 126.

76 Ebd., S. 213 (11. August 1935).

77 Nach ihrem Brief an Hausmann (Fußnote 74).

78 Es gibt allerdings eine Postkarte vom 3. April 1931, die anzuzeigen scheint, daß Spitzer zuvor über seine Situation mit Voßler gesprochen hatte. Der Schreiber bedankt sich dort für eine mehrstündige, offene Unterhaltung mit Voßler und unterstreicht den erbaulichen Effekt,

den die Anwesenheit des Freundes auf ihn gehabt habe – er sei die einzige männliche Person, bei der er sich »zu Hause« fühle und mit der er ohne Rückhalt offen sprechen könne. Ebenso beklagte Spitzer am 2. Juli des gleichen Jahres, während er die Möglichkeit, ein Angebot der Universität Leipzig anzunehmen, erörterte, den Mangel an Kollegen, denen er sich nahe fühlte, und schloß dann mit der Feststellung, das Schicksal der letzten Jahre habe ihm aber geholfen, etwas Distanz zum gesellschaftlichen Leben zu finden. Einige Zeilen weiter erwähnte er »Rosemarie« als seinen einzigen ›Freund‹ an der Universität Köln.

[79] Dieser Brief, auf den sich Spitzer ausdrücklich am 5. Juni 1935 bezieht, ist allerdings nicht im Spitzer-Dossier der Bayerischen Staatsbibliothek enthalten.

[80] Brief an Voßler vom 6. Dezember 1936.

[81] Z.B. in einem Brief vom 15. Januar 1938.

[82] 19. Mai 1938.

[83] Brief an Fank-Rutger Hausmann vom 8. Januar 1987.

[84] Brief an Voßler vom 10. Dezember 1940.

[85] 30. Mai 1939.

[86] 18. November 1939.

[87] Henri Peyre: Foreword. In: Leo Spitzer: Essays on English and American Literature. Edited by Anna Hatcher. Princeton 1962, pp. V–XV, hier p. VI.

[88] Brief an Voßler vom 10. Dezember 1940.

[89] Hier spielt Spitzer wohl auf Voßlers Buch über die Poesie der Einsamkeit in Spanien an, veröffentlicht im Jahr 1940 vom C.H. Beck Verlag, München.

[90] 10. Dezember 1940.

[91] Das englische ›scientific‹ bezeichnet in der Regel – im Gegensatz zum deutschen ›Wissenschaftler‹ nur den ›Naturwissenschaftler‹; ein Literatur- oder Geisteswissenschaftler wird im allgemeinen mit dem Wort ›scholar‹, ›humanist‹ oder ›philologist‹ bezeichnet. [Anm. der Übersetzerin.]

[92] Im Englischen wiederum ›science‹.

93 Siehe Briefe an Voßler vom 18. November 1939 und 10. Dezember 1940. – Dieses Problem klingt auch in folgendem Aufsatz an: Die romanistischen Zeitschriften im Deutschen Reich. In: Maß und Wert. Januar/Februar 1938, S. 473–478. Hier wird klar, wie sehr Spitzer es bedauerte, die vielfältigen und leicht zugänglichen Möglichkeiten der akademischen Publikation in Europa verloren zu haben.

94 Briefe an Voßler vom 30. Mai 1939 und 10. Dezember 1940.

95 Die deutsche Übersetzung erschien 1985 bei Suhrkamp: Lovejoy, Arthur Oncken: Die große Kette der Wesen: Geschichte eines Gedankens. Frankfurt a.M. 1985. [Anm. d. Übersetzerin.]

96 Brief vom 24. Dezember 1940 (Special Collections. The Milton S. Eisenhower Library. The Johns Hopkins University).

97 Er wurde unter dem Titel »Milieu and Ambiance« in der Zeitschrift Philosophy and Phenomenological Research 3, pp. 1–43, 169–218 veröffentlicht.

98 Beide Texte hatten seltsam komplizierte Publikationsschicksale, die ein Zeugnis von Spitzers anfänglichen Veröffentlichungsproblemen ablegen – und von seinem Durchbruch in der amerikanischen akademischen Welt um 1945. Wie oben angegeben, erschien »Milieu and Ambiance« zuerst in: Philosophy and Phenomenological Research 3, pp. 1–43, 169–218; »Classical and Christian Ideas of World Harmony (Prolegomena to an Interpretation of the Word ›Stimmung‹)« in: Traditio 2 (1944), pp. 409–464, und Traditio 3 (1945), pp. 307–364. »Milieu« ist heutzutage am besten in der 1948 erschienenen Veröffentlichung zugänglich: Leo Spitzer: Essays in Historical Semantics. New York, pp. 179–316. Eine stark erweiterte, posthume und unvollendete Version von »Classical and Christian Ideas« erschien 1963 bei Johns Hopkins Press. – Zur Geschichte beider Aufsätze siehe René Welleks »Preface« in der »Editor's Note« der 1963 publizierten »Classical and Christian Ideas«.

99 Ausgabe von »Classical and Christian Ideas«, 1963, p. 3.

100 Ebd., p. 5.

101 Ausgabe von »Milieu«, 1948, pp. 224sq.

102 Pedro Salinas: Esquicio de Leo Spitzer. In: L.S.: Essays in Historical Semantics, pp. XV–XVIII, hier p. XVII. – 208 war natürlich die Nummer von Spitzers Büro an der Johns Hopkins University.

[103] »Classical and Christian Ideas«, p. 78.

[104] »Milieu«, pp. 244sq.

[105] Siehe die Einträge »Center vs Periphery« und »Center = Periphery« in meinem Buch: In 1926. Living at the Edge of Time.

[106] »Classical and Christian Ideas«, p. 138.

[107] Geistesgeschichte vs. History of ideas as Applied to Hitlerism. In: Alban K. Forcione / Herbert Lindenberger / Madeline Sutherland (Hrsg.): Leo Spitzer – Representative Essays. Stanford 1988, pp. 205–22, hier p. 211 (der Aufsatz war ursprünglich im fünften Band des Journal of the History of Ideas (1944), pp. 191–203, erschienen).

[108] Special Collections. The Milton S. Eisenhower Library. The Johns Hopkins University. Briefe vom 8. und 11. November 1946.

[109] Am 26. November 1943; 22. Juni 1950; 24. September 1952.

[110] Baltimore Sun, 29. und 31. Dezember 1950. – Der Vorschlag Spitzers kam den heutigen ›fellowship packages for graduate students‹ und ›postdocs‹ in Amerika nahe, die vor den sechziger Jahren dort nicht existierten (Information von W. Bliss Carnochan).

[111] Explication de Texte Applied to Walt Whitman's Poem »Out of the Cradle Endlessly Rocking«. In: Leo Spitzer: Essays on English and American Literature. Edited by Anna Hatcher. Princeton 1962, pp. 14–36, hier p. 35 (der Whitman-Aufsatz erschien zuerst 1954).

[112] »Tears, Idle Tears, Again«. In: Essays on English and American Literature, pp. 37–50, hier p. 50 (dieser Aufsatz erschien zuerst 1952).

[113] In deutscher Übersetzung erschien dieser Aufsatz 1966 im Hanser Verlag: Amerikanische Werbung – verstanden als populäre Kunst. In: Spitzer, Leo: Eine Methode Literatur zu interpretieren. München 1966, pp. 79–99. [Anm. d. Übersetzerin.]

[114] American Advertising, in: Representative Essays, pp. 327–358, hier p. 349.

[115] Linguistics and Literary History, in: Representative Essays, pp. 3–40, hier pp. 29–30.

[116] Linguistics and Literary History, p. 4.

[117] Johns' Hopkins Magazine, April 1952, pp. 19–27.

[118] Diese Anekdote war zuvor zum Beispiel von Salinas in seiner Einführung zu Spitzers Essays in Historical Semantics zitiert worden.

[119] Essays in Historical Semantics, pp. 15–67.

[120] Erlebnisse mit der Adoptiv-Muttersprache. In: Die Wandlung 3 (1948), pp. 167–171, hier p. 171. Siehe auch: Essays in Historical Semantics.

[121] Das Eigene und das Fremde. Über Philologie und Nationalismus. (Siehe Fußnote 15.)

[122] In diesem Aufsatz gibt Spitzer eine schöne – und geistreiche – Beschreibung »seiner einheimischen« österreichischen Kultur als Gegensatz zu der deutschen (S. 579sq.). Trotzdem scheint er seine eigenen Probleme und Begabungen eher mit den deutschen Traditionen identifiziert zu haben als mit der Position eines außenstehenden österreichischen Betrachters. Wenn auch Spitzer nie spezielle Probleme mit seinem Österreichertum gehabt hatte, so waren doch die Momente selten – selten zumindest, um es nochmals zu sagen, für die Maßstäbe Leo Spitzers – in welchen er sich mit besonderer Emphase zur österreichischen Nationalität bekannte (einer von ihnen ist ein Brief an Voßler vom 3. September 1937, in welchem er die »Renaissance meines Österreichtums in den letzten Jahren« erwähnt).

[123] Das Eigene und das Fremde, S. 594.

[124] Dieser Brief und Spitzers Antwort erschienen in Willi Jung (Hrsg.): Leo Spitzers Brief an den Dekan der Philosophischen Fakultät der Universität Köln (1946). In: Hans Helmut Christmann / Frank-Rutger Hausmann / Manfred Briegel (Hrsg.): Deutsche und österreichische Romanisten als Verfolgte des Nationalsozialismus. Tübingen 1989, S. 79–84. Siehe den Brief des Dekans, S. 81: »Sehr geehrter Herr Kollege! Nachdem die Nazi-Herrschaft beseitigt ist, sind alle Verfügungen hinfällig geworden, durch die Mitglieder des Lehrkörpers aus rassischen oder weltanschaulichen Gründen beseitigt worden sind. Die Philosophische Fakultät der Universität Köln läßt Sie durch mich bitten, in unseren Kreis zurückzukehren und den Platz in unserer Mitte einzunehmen, den Sie einst innehatten. Gewiß ist es ein schweres Unterfangen, nach Köln, einer größtenteils zerstörten Stadt, zurückzukehren und hier aufs neue Wurzeln zu schlagen. Allein so intensiv unsere Bemühungen sind, unsere Universität wieder aufzurichten, so nachdrücklich werden wir alles, was in unseren Kräften steht, tun, um Ihnen bei dem Wiedereinleben behilflich zu sein.«

[125] Siehe, als willkürlich gewählte Beispiele, zwei aufeinanderfolgende Briefe an Karl Voßler: 20. August und 20. September 1938.

[126] Siehe Fußnote 24.

[127] Zitiert nach den Manuskripten der Krauss-Ausgabe (mit freundlicher Genehmigung Peter Jehles [siehe Fußnote 24]).

[128] Siehe meinen kurzen Essay: Grund für Zerknirschung, Leo Spitzer: Das Eigene und das Fremde. »Die Wandlung« vom 12. Juli 1946. In: Bernhard Dotzler (Hrsg.): Exemplarisch-detektivische Literaturforschung. Kulturhistorische Erträge. Wiesbaden 1998.

[129] »Auch in weltanschaulicher Beziehung hat sich im Lauf von zwanzig Jahren manches gewandelt: aus einem den Verlust des Glaubens und die Renaissance halb bedauernden Intellektuellen ist ein entschiedener Freund des Lichts und der klaren Form geworden« (S. 6).

[130] Sviluppo di un metodo. Cultura Neolatina XX (1960) fasc. 1, pp. 109–128. In englischer Übersetzung erschien der Aufsatz in den Representative Essays, pp. 425–448. Siehe den Herausgeberkommentar dort: »It reads in every way as [Spitzer's] last will and testament.«

[131] Vgl. etwa Willi Jung: Spitzers Brief an den Dekan, S. 79:»Hauptthematik der Werke Spitzers war die Stilistik, die er im Sinne Meyer-Lübkes als Lehre von der Sprache als Kunst verstand.«

[132] S. 109.

[133] S. 125sq.

[134] S. 120. Siehe auch S. 121, wo Spitzer sich explizit von Diltheys Interpretationskonzept distanziert.

[135] Leo Spitzer [†]: Interpretationen zur Geschichte der französischen Lyrik. Herausgegeben von Dr. Helga Jauß-Meyer und Dr. Peter Schunck. Heidelberg (Selbstverlag des Romanischen Seminars der Universität Heidelberg) 1961.

[136] Siehe Geleitwort von Kurt Baldinger, Gerhard Hess, Hans Robert Jauß und Erich Köhler, S. 6.

[137] Unter denen, die dieser Vorlesung gefolgt sind, habe ich begeisterte Erinnerungen von Hans Robert Jauß, Helga Jauß-Meyer, Hans-Jörg Neuschäfer und Wolf-Dieter Stempel gehört.

[138] Siehe Geleitwort, S. 5: »Erscheinen sie [anderweitig veröffentlichte Interpretationen] in der zwangloseren Meditationsform mündlicher Darbietung, deren Ton bei der Redigierung des Textes so weit als möglich bewahrt wurde. So teilt sich dem Leser noch etwas von dem versöhnlichen Humor und von der souveränen Selbstironie […] mit,

113

die das Bild seiner Persönlichkeit, in den anderen Schriften oft durch
sein kritisches Temperament verdeckt, erst vollständig machen.«

[139] S. 8.

[140] S. 9.

[141] S. 14.

[142] In einer Unterhaltung, die wir im Oktober 1997 an der Simon Fraser
University, Vancouver, führten, verwendete mein Kollege Jerry
Zaslove die Formel einer »empathy with forms« in bezug auf Spitzer.

[143] Interpretationen, S. 9.

[144] Sviluppo di un metodo, S. 217.

[145] Jean Starobinski: Leo Spitzer. In: Études de style. Paris 1970, S. 7–39,
hier S. 37f.

[146] The Resistance to Theory. In: The Resistance to Theory. Minnea-
polis 1986, S. 3–20, hier S. 17.

[147] Siehe: Resistance to Theory, S. 8f.

[148] Ebd., S. 19.

[149] Die deutsche Übersetzung des gleichnamigen Aufsatzes erschien 1994
bei Suhrkamp: Jean-Luc Nancy: Entstehung der Präsenz. In: Was
heißt »Darstellen«? Hrsg. von Christian L. Hart Nibbrig. Frankfurt
a.M. 1994, S. 102–106; hier S. 106. [Anm. d. Übersetzerin.]

[150] Ebd., S. 105.

[151] Ebd., S. 4f.

[152] Vgl. Ingeborg Schnack (Hrsg.): Marburger Gelehrte in der ersten
Hälfte des 20. Jahrhunderts. Marburg 1977, S. 523–537, hier S. 523.

[153] Die Voßler/Spitzer-Korrespondenz enthält die Todesanzeige Wilhelm
Spitzers, die an einen Brief Leo Spitzers vom 4. Juni 1919 geheftet ist.

[154] Dies ist zumindest in der kurzen Lebensbibliographie Leo Spitzers in:
Deutsche und österreichische Romanisten als Verfolgte des Nationalsozialismus, S. 322, zu lesen – allerdings ohne Quellenangabe.

[155] Brief an Voßler vom 18. August 1919.

[156] Interview im Johns Hopkins Magazine (Fußnote 117), S. 21.

[157] Puxi. Eine kleine Studie zur Sprache einer Mutter, S. 10.

[158] Patterns of Thought and of Etymology. I. Nausea Of (Eng.) Noise.
In: Word 1 (1945), pp. 261–276, hier p. 270. – Den Bezug auf die

autobiographische Fußnote fand ich bei Geoffrey Green: Literary Criticism and the Structures of History: Erich Auerbach and Leo Spitzer. Omaha 1982, p. 96.

[159] In vielen seiner Briefe an Karl Voßler schrieb Leo Spitzer über Tränen, die er vergossen habe, zum Beispiel am 3. August 1927 (zum Gedenken an die im Weltkrieg gefallenen Soldaten), am 7. Mai 1930 (anläßlich seines Fortgangs von Marburg) – und natürlich vor allem über seine Trennung von Rosemarie Burkart.

[160] Teil der Voßler/Spitzer-Korrespondenz.

[161] Brief vom 3. September 1937.

[162] Brief vom 18. November 1939.

[163] Brief vom 10. Dezember 1940.

[164] Brief an Friedrich vom 8. November 1946.

[165] 4. Juni 1958.

[166] Dies war meine eigene Erfahrung (welche von meinem Freund Robert Harrison bestätigt wurde, der ein ehemaliger Schüler Wolfgang Spitzers ist) und auch die von Frank-Rutger Hausmann, der mir am 6. November 1995 schrieb, daß seine Versuche, zu Spitzers Sohn Kontakt aufzunehmen, nie von Erfolg gekrönt waren – jener vielleicht durch die Größe des Vaters traumatisiert sei.

Schriften und Vorträge des Petrarca-Instituts Köln

NEUE FOLGE

Ulrich Schulz-Buschhaus

Zwischen "resa" und "ostinazione"

Zu Kanon und Poetik Italo Calvinos

Neue Folge, Heft 1, 1998, 50 Seiten,
DM 24,80/€ 12,40/SFr 24,80
ISBN 3-8233-5490-6

Nach einem breiten Konsens gilt Italo Calvino als der
bedeutendste Autor des Secondo Novecento. Er ist zugleich auch ein besonders virtuoser Autor, der immer
wieder mit ganz verschiedenartigen Schreibweisen und
Gattungen experimentiert hat. Das macht ihn zu einem
idealtypischen Vertreter der literarischen Postmoderne,
erschwert indessen die Aufgabe, sein Werk durch eine
bestimmte Poetik zu charakterisieren.
Diese Studie versucht daher, Calvinos schriftstellerische
Entwicklung durch die Abfolge seiner Leitautoren, also
seinen Kanon, zu beschreiben. Zu klären, was vor allem
Stendhal, Ariost und Borges für die Texte Calvinos be-
deuten, ist nicht zuletzt von beträchtlichem komparatisti-
schen Interesse.

Euro-Preis gültig ab 01.01.2002

Gunter Narr Verlag Tübingen

Weitere Hefte der Reihe:

Herbert Dieckmann
Diderot und Goldini
Heft XVI, 1961, 48 Seiten, DM 14,80/€ 7,40/SFr 14,80
ISBN 3-8233-5474-4

Oscar Büdel
Francesco Petrarca und der Literaturbarock
Heft XVII, 1963, 48 Seiten, DM 14,80/€ 7,40/SFr 14,80
ISBN 3-8233-5475-2

Kurt Wais
Der Erzähler Italo Svevo. Werke und Rezeption
Heft XVIII, 1965, 40 Seiten, DM 14,80/€ 7,40/SFr 14,80
ISBN 3-8233-5476-0

August Buck
Der Einfluß des Platonismus auf die volkssprachliche Literatur im Florentiner Quattrocento
Heft XIX, 1965, 40 Seiten, DM 14,80/€ 7,40/SFr 14,80
ISBN 3-8233-5477-9

Erich Loos
Alessandro Tassonis "La Secchia rapita" und das Problem des heroisch-komischen Epos
Heft XX, 1967, 32 Seiten, DM 14,80/€ 7,40/SFr 14,80
ISBN 3-8233-5478-7

Eberhard Müller-Bochat
Leon Battista Alberti und die Vergil-Deutung der Disputationes Camaldulenses
Zur allegorischen Dichter-Erklärung bei Cristoforo Landino
Heft XXI, 1968, 44 Seiten, DM 14,80/€ 7,40/SFr 14,80
ISBN 3-8233-5479-5

Hans Hinterhäuser
Der Weg des Lyrikers Cesare Pavese
Heft XXII, 1969, 44 Seiten, DM 14,80/€ 7,40/SFr 14,80
ISBN 3-8233-5480-9

Howard Needler
Saint Francis and Saint Dominic in the Divine Comedy
Heft XXIII, 1969, 70 Seiten, DM 19,80/€ 7,40/SFr 19,80
ISBN 3-8233-5481-7

Wolfgang Iser
Spensers Arkadien
Fiktion und Geschichte in der englischen Renaissance
Heft XXIV, 1970, 52 Seiten, DM 14,80/€ 7,40/SFr 14,80
ISBN 3-8233-5482-5

Georg Rabuse
Die goldene Leiter in Dantes Saturnhimmel
Heft XXV, 1972, 64 Seiten, DM 19,80/€ 9,90/SFr 19,80
ISBN 3-8233-5483-3

Wido Hempel
Manzoni und die Darstellung der Menschenmenge als erzähltechnisches Problem in den "Promessi Sposi", bei Scott und in den historischen Romanen der französichen Romantik
Heft XXVI, 1974, 120 Seiten, DM 19,80/€ 9,90/SFr 19,80
ISBN 3-8233-5484-1

D'Arco Silvio Avalle
Analyse du récit de Paolo et Francesca
(Dante Alighieri, Enfer, V.)
Heft XXVII, 1975, 40 Seiten, DM 14,80/€ 7,40/SFr 14,80
ISBN 3-8233-5485-X

Dirk Hoeges
Aufklärung und die List der Form
Zur Zeitschrift "Il Caffè" und zur Strategie italienischer und französischer Aufklärung
Heft XXVIII, 1978, 48 Seiten, DM 14,80/€ 7,40/SFr 14,80
ISBN 3-8233-5486-8

Karlheinz Stierle
Petrarcas Landschaften
Zur Geschichte ästhetischer Landschaftserfahrung
Heft XXIX, 1979, 112 Seiten, DM 19,80/€ 9,90/SFr 19,80
ISBN 3-8233-5487-6

Alfred Noyer-Weidner
Zur Frage der "Poetik des Wortes" in Ungarettis *L'allegria*
Heft XXX, 1980, 58 Seiten, DM 19,80/€ 9,90/SFr 19,80
ISBN 3-8233-5488-4

Sesto Prete
The Humanists and the Discovery of Printing
Heft XXXI, 1982, 30 Seiten, DM 14,80/€ 7,40/SFr 14,80
ISBN 3-8233-5489-2

Euro-Preis gültig ab 01.01.2002

Schriften und Vorträge des Petrarca-Instituts Köln

NEUE FOLGE

Winfried Wehle

Leopardis Unendlichkeiten

Vom Ende des Denkens und der Not des
Dichtens

Neue Folge, Heft 2, 1997, 50 Seiten,
DM 24,80/€ 12,40/SFr 24,80
ISBN 3-8233-5491-4

Im Mittelpunkt steht Leopardis berühmtestes Gedicht "L'Infinito". Es ist das Zeugnis einer schweren
erkenntnistheoretischen Krise des Autors, in der er
einerseits die Bindung zur geistigen Herkunft preis-
geben mußte; andererseits zugleich und mit seltener
Kühnheit einen Vorgriff auf einen modernen Begriff
von Dichtung gewagt hat. Der Text ist, insofern,
Epitaph und Manifest in einem und setzt ein viel-
besprochenes Zeichen im modernen Übergang der
Erkenntnis von der Philosophie zur Poesie.

Euro-Preis gültig ab 01.01.2002

Gunter Narr Verlag Tübingen